SIMPLY

WIRTSCHAFT

DK

Lektorat
Kathryn Hennessy, Gareth Jones, Elizabeth Dowsett, Lydia Halliday, Andrea Page, Victoria Pyke, Liz Wheeler, Jonathan Metcalf

Gestaltung und Bildredaktion
Daksheeta Pattni, Lee Griffiths, Karen Self

Illustrationen
Phil Gamble, Vanessa Hamilton

Umschlaggestaltung
Sophia M.T.T., Akiko Kato

Herstellung
Jacqueline Street-Elkayam, Rachel Ng

Für die deutsche Ausgabe:
Redaktionsleitung Dr. Kerstin Schlieker
Herstellungskoordination Bianca Isack
Herstellung Stefanie Staat

Titel der englischen Originalausgabe:
Simply Economics

Übersetzung Martina Hesse-Hujber
Lektorat Birgit Reit

ISBN 978-3-8310-4610-2
5902-322093-22683-03

Druck und Bindung TBB, a.s., Slowakei

MIX
Papier | Fördert gute Waldnutzung
FSC® C018179

www.dk-verlag.de

BERATUNG

Peter Antonioni ist Dozent am Department of Management Science and Innovation des University College London (UCL) und lehrt dort Technologie- und Informationswirtschaft. Er hat einen Bachelor in Philosophie, Politik und Wirtschaft der Universität Oxford sowie einen Masterabschluss (MSc) in Wirtschaftswissenschaften des Birkbeck College in London. Außerdem ist er beim Kilkenomics-Festival für Wirtschaft und Comedy regelmäßig als Diskussionsteilnehmer vertreten.

MITWIRKENDE

John Farndon ist ein preisgekrönter Autor, der bereits mehr als 1000 Bücher verfasst hat, unter anderem über die boomenden Volkswirtschaften in China und Indien. Er hat bei vielen DK-Titeln mitgewirkt, z. B. *Big Ideas – Das Wirtschaftsbuch*.

Shari Last ist Autorin und Lektorin von Bestsellern im Bereich der Nachschlagewerke und hat an zahlreichen DK-Titeln mitgearbeitet.

Philip Parker ist ein von der Kritik hochgelobter Autor und preisgekrönter Lektor, der zu vielen DK-Büchern beigetragen hat. Er hat einen Abschluss in Internationalen Beziehungen der Johns Hopkins University in Baltimore (USA) und ist unter anderem Autor von *History of World Trade in Maps*.

INHALT

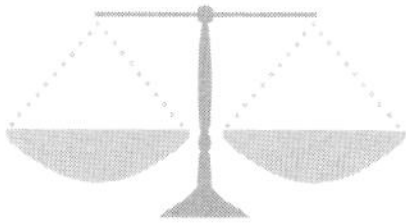

GRUNDLAGEN DER ÖKONOMIE

VOLKSWIRTSCHAFTEN IN DER PRAXIS

AUSWAHL UND FOLGEN

DIE **ROLLE** DER **MÄRKTE**

INTERNATIONALER HANDEL

DIE FINANZWELT

WAS IST ÖKONOMIE?

Ökonomie ist die Wissenschaft von Produktion und Absatz. Ökonomen versuchen zu verstehen, wie Waren und Dienstleistungen produziert werden und wer sie konsumiert. Anhand dieser Erkenntnisse können sie die Gesellschaft beraten, wie sie mit möglichst wenig Ressourcen den höchsten Wert aus der Produktion erzielt. Ökonomie umfasst sowohl die Details darüber, wie Einzelpersonen und Haushalte konsumieren und Entscheidungen treffen, als auch das große Ganze, wie Länder das Wachstum ihrer Volkswirtschaften unterstützen können und was dazu führt, dass es zu einer Rezession kommt.

Sie konzentriert sich auf die Frage, wie Märkte Entscheidungen über Produktion und Absatz gestalten. Ökonomen nutzen eine Reihe von Werkzeugen, um das Marktverhalten zu analysieren. Dazu betrachten sie beispielsweise Kosten und Preise oder wie unterschiedliche Marktformen jeweils andere Ergebnisse erzielen können. Sie interessieren sich auch dafür, warum Märkte manchmal nicht die besten Ergebnisse erzielen und wie man diese Fehler vermeiden oder korrigieren könnte.

Ökonomen nutzen Modelle – mathematische oder konzeptuelle Abbildungen einer Situation –, um reale Probleme zu simulieren und zu verstehen. Dabei werden oft Details weggelassen oder vereinfacht, damit klarer wird, wie sich ein Markt oder sogar ein Land verändert, wenn Einzelpersonen oder Institutionen unterschiedliche Entscheidungen treffen. Diese Art wirtschaftlicher Analyse führt zu zwei Arten von Schlussfolgerungen: positive Aussagen (die Tatsachen beschreiben, z. B.: »Überangebot führt zu sinkenden Preisen.«) und normative Aussagen (die angeben, wie die Dinge »sein sollten«, z. B.: »Eine Regierung sollte eine andere Geldpolitik wählen.«). Es ist nicht immer leicht zu unterscheiden, welche Aussagen verifizierbar sind und welche nicht; daher betrachten Ökonomen sorgfältig die Schlussfolgerungen zu dem, was getan werden »sollte«, und versuchen, die möglichen Konsequenzen verschiedener Handlungsweisen herauszustellen.

GRUNDL
DER ÖKO

AGEN NOMIE

Die moderne Ökonomie beruht auf einer Reihe grundlegender Ideen. Im Mittelpunkt steht dabei das Konzept der Knappheit. Da alle Ressourcen knapp sind (Boden, Zeit, Geld usw.), kann niemand alles haben oder tun. Daher müssen die Menschen Entscheidungen darüber treffen, wie sie ihre potenziell unbegrenzten Wünsche und Bedürfnisse erfüllen können. Die wichtigsten Prinzipien der Ökonomie basieren auf der Rolle von Knappheit bei der Entscheidungsfindung. Sie dienen als Grundlage für die Modelle, mit denen Ökonomen komplexe Verhaltensweisen in der realen Welt analysieren und daraus Schlüsse ziehen. Einige dieser Schlussfolgerungen unterscheiden sich je nach der Perspektive des jeweiligen Wissenschaftlers. Folglich haben sich daraus unterschiedliche Schulen wirtschaftlichen Denkens entwickelt.

> »Das wertvollste Kapital ist das in den Menschen investierte ...«
>
> Alfred Marshall

IM DETAIL

Mikroökonomen betrachten die einzelnen Teile einer Wirtschaft, z. B. einen bestimmten Haushalt oder ein bestimmtes Unternehmen, und wie sie in einem wettbewerbsorientierten Markt interagieren und Entscheidungen treffen.

DIE EINZELTEILE

Die Mikroökonomie untersucht, wie sich die einzelnen Personen und Unternehmen, aus denen eine Volkswirtschaft besteht, verhalten. Der Fokus liegt auf »Wirtschaftsakteuren« – Einzelpersonen, Verbraucher, Haushalte oder Unternehmen – und den individuellen wirtschaftlichen Entscheidungen, die sie treffen. Die Mikroökonomie basiert auf der Annahme, dass jeder Akteur im Wettbewerb mit anderen steht, um maximalen Nutzen zu erzielen – sprich: das beste Ergebnis für sich selbst. Wirtschaftsakteure sind sowohl Erzeuger als auch Verbraucher. Wenn sie auf wettbewerbsorientierten Märkten miteinander interagieren, schaffen die Produzenten das Angebot und die Verbraucher die Nachfrage, die wiederum sowohl die Preise als auch die Produktion bestimmt.

DAS GROSSE GANZE

Die Makroökonomie betrachtet die Wirtschaft einer Nation oder Region – oder sogar der ganzen Welt. Makroökonomen schauen sich die Arbeitslosigkeit und die Zinssätze an – oder die Inflation anhand des Verbraucherpreisindex (VPI, siehe S. 55). Sie untersuchen auch Wirtschaftswachstum und -rückgang, wobei das Bruttoinlandsprodukt (BIP) als Maßstab dient (siehe S. 38). Regierungen suchen nach makroökonomischen Methoden, um Wachstum zu fördern oder Rezessionen zu bremsen. Die Auswirkungen makroökonomischer Faktoren wie Arbeitslosigkeit und Inflation auf eine Volkswirtschaft können alle Menschen überall betreffen.

IM GANZEN

Die Makroökonomie befasst sich mit der Volkswirtschaft einer ganzen Region und misst Faktoren wie allgemeines Wachstum, Arbeitslosigkeit oder Preisänderungen.

DENK-SCHULEN

Obwohl alle Ökonomen die gleichen komplexen Fragen über Produktion und Verteilung von Ressourcen in einer Gesellschaft betrachten, haben sie ihren eigenen Blick auf die Dinge und kommen zu unterschiedlichen Schlussfolgerungen. Im Lauf der Zeit sind vielerlei Wirtschaftsschulen entstanden, die von ihren Vorgängern beeinflusst wurden – und ihnen manchmal sogar widersprachen. Die Schulen stellen Instrumente für die ökonomische Analyse zur Verfügung, die sich mitunter sehr voneinander unterscheiden. Jede versucht, in ihren Studien unterschiedliche Merkmale der Wirtschaft hervorzuheben.

Ökologische Ökonomik
Sie entstand in den 1980er-Jahren und entwickelt Methoden, um den Wert der Biodiversität und der Umwelt sowie die Kosten von Umweltschäden zu beziffern.

Schumpetersche Theorie
In der ersten Hälfte des 20. Jh. hob Joseph Schumpeter die Rolle von Unternehmertum, Innovation (siehe S. 110) und schöpferischer Zerstörung (siehe S. 111) bei der Entwicklung von Volkswirtschaften hervor.

Keynesianismus
Die makroökonomischen Ideen von John Maynard Keynes aus den 1930er-Jahren betonen die positiven Auswirkungen staatlicher Investitionen und Interventionen, teilweise auch, weil sich Preise und Löhne nicht leicht an plötzliche Veränderungen der Marktbedingungen anpassen lassen.

Klassische Ökonomik
Klassische Ökonomen betonen die Rolle der Märkte bei der Abstimmung von Herstellung und Verteilung. Die Denkschule begann mit den Ideen von Adam Smith im späten 18. Jh. (siehe S. 24).

Caring Economics – Ökonomie der Fürsorge
Diese Ansätze des frühen 21. Jh. lehnen eine einfache Nutzenmaximierung ab (siehe S. 71) und stellen menschliche Entscheidungen stärker in den Kontext der Sozialpsychologie.

Komplexitätsökonomik
Dieser immer populärer werdende neue Ansatz von komplexen Systemen modelliert Volkswirtschaften anhand von Mathematik und Erkenntnissen aus Physik und Biologie als große, miteinander vernetzte Systeme.

Verhaltensökonomik
Diese Schule, die nach dem Zweiten Weltkrieg entstand, basiert auf Elementen aus Wirtschaft und Psychologie. Anhand wissenschaftlicher Experimente zeigt sie Vorurteile in der Entscheidungsfindung auf und wie sich Menschen vom klassischen Rationalitätsmodell unterscheiden (siehe S. 14).

Österreichische Ökonomik
Seit Ende des 19. Jh. legt die österreichische Schule Wert auf Unternehmertum und die Fähigkeit des freien Marktes, die Produktion zu koordinieren. Sie zieht es vor, keine mathematischen Analysen zu verwenden.

Marxistische Theorie
Ende des 19. Jh. glaubte Karl Marx, der Kapitalismus sei zum Scheitern verurteilt, und beschrieb den Klassenkampf zwischen Eigentümern (Kapital) und Arbeitern (Arbeit). Seine Ideen beeinflussten den Sozialismus und viele reale Volkswirtschaften.

ANNAHME 1

Menschen wissen,
was sie wollen.

ANNAHME 2

Menschen können ihre
Präferenzen abstufen.

ANNAHME 3

Menschen können auf der Grundlage ihrer Präferenzen aus einer Reihe von Optionen wählen.

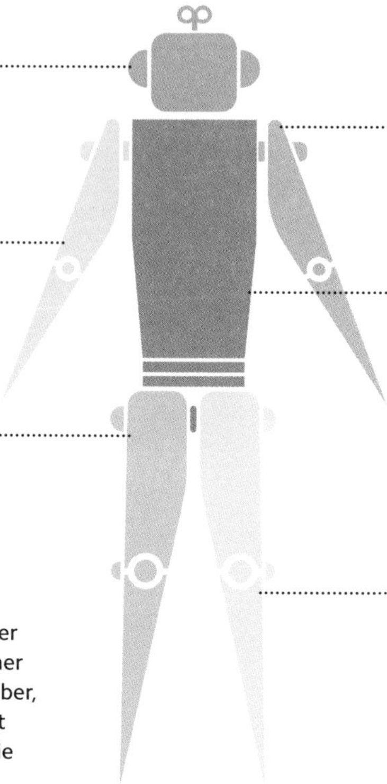

ANNAHME 4

Menschen treffen Entscheidungen nach dem Gesichtspunkt, was ihnen am meisten nützt.

ANNAHME 5

Die Präferenzen eines Menschen bleiben gleich.

ANNAHME 6

Menschen suchen nach Möglichkeiten, sich das Leben einfacher zu machen und maximalen Nutzen (die größte Zufriedenheit) zu erzielen.

Muster-Mensch
Das theoretische Modell der Rationalität beruht auf einer Reihe von Annahmen darüber, wie Individuen konsequent Entscheidungen treffen, die ihnen den größten Mehrwert – oder »maximalen Nutzen« – bringen.

RATIONALITÄT

Da Ökonomen im Allgemeinen wenig Informationen über einzelne Individuen haben, arbeiten sie nach Regeln, die sie als »Rationalität« bezeichnen. So können sie die Vorgänge bei der menschlichen Entscheidungsfindung auf der Grundlage möglichst weniger Annahmen modellieren. Rationalität bedeutet, dass der Mensch in der Lage ist, unter gegebenen Umständen den größtmöglichen Nutzen – also das, was ihm die größte Befriedigung verschafft – zu erzielen, und dass er dieses Ziel konsequent verfolgt. Im wirklichen Leben verhalten sich die Menschen natürlich nicht immer so vorhersehbar.

IRRATIONALE WESEN

Emotionen und andere Faktoren können die Entscheidungsfindung beeinflussen, sodass Menschen nicht immer logisch in ihrem eigenen Interesse handeln.

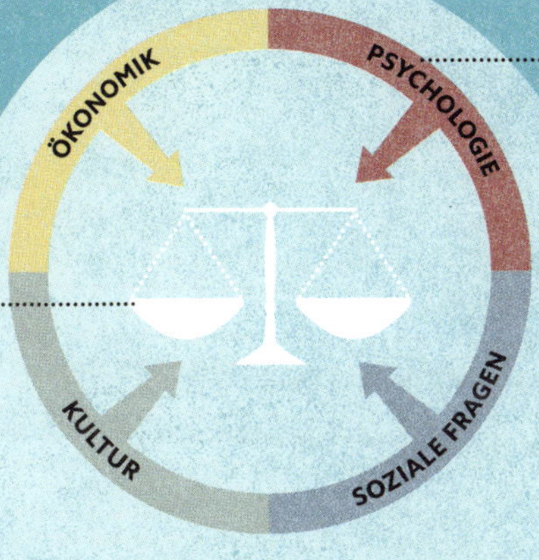

RATIONALE WESEN

Klassische Wirtschaftsmodelle gehen davon aus, dass Menschen die Kosten und den Nutzen von Entscheidungen abwägen, um ihren Gewinn zu maximieren.

MENSCHEN SIND NICHT IMMER RATIONAL

Viele Wirtschaftstheorien gehen davon aus, dass Menschen sich rational verhalten und den eigenen Vorteil anstreben. Die Verhaltensökonomik argumentiert dagegen, dass die Psychologie jede Entscheidung beeinflusst, sodass das Verhalten nicht immer rational ist. Verbraucherentscheidungen hängen von vielen Faktoren ab, z. B. von Gefühlen, unbewussten Vorurteilen und kulturellen Einflüssen. Wenn zwei Marken das gleiche Produkt anbieten, zahlen Verbraucher für ihr bevorzugtes Produkt oft mehr. Verhaltensökonomik dient oft als Grundlage für Unternehmensstrategien.

> »Wirklich wichtig für die Effizienz einer Wirtschaft sind Grenzkosten und Grenznutzen.«
>
> Tim Harford

Wirtschaftliche Entscheidungen werden nicht auf einmal getroffen, sondern Schritt für Schritt.

SCHRITT FÜR SCHRITT

Die Grenznutzenschule beschreibt die wirtschaftliche Erkenntnis, dass Entscheidungen über Kauf, Verkauf, Produktion und Konsum schrittweise und nicht auf einmal getroffen werden. Ökonomen bezeichnen diese Einzelschritte als »Grenzeinheiten« – mit anderen Worten: Wichtig ist jeweils nur die nächste kleine Entscheidung. Der Grenzpreis eines Produkts ist der Betrag, den ein Kunde zu einem bestimmten Zeitpunkt für eine zusätzliche Einheit zu zahlen bereit ist. Die Grenzkosten für ein Produkt sind auch nicht die Gesamt-Produktionskosten geteilt durch die Zahl der Einheiten, sondern die Kosten für die Herstellung einer zusätzlichen Einheit.

DEN WERT MESSEN

Nutzen bezeichnet das Gefühl der Zufriedenheit beim Kauf eines Produkts. Verbraucher schätzen den Nutzen eines Produkts, nicht das Produkt selbst. Der Nutzen umfasst nicht nur alle praktischen Vorteile, sondern auch das Gefühl, das den Kauf begleitet. Nutzen lässt sich nicht direkt messen, aber der Preis kann ein Indikator dafür sein. So verringert z.B. ein Preisanstieg die Zufriedenheit der Verbraucher, und sie ändern vielleicht ihr Kaufverhalten, um ihren Nutzen zu maximieren. Der Grenznutzen gibt an, wie stark Verbraucher von einer zusätzlichen Einheit profitieren.

Abnehmender Grenznutzen
Manchmal nimmt der Nutzen ab, je mehr von einem Produkt verbraucht wird. Zum Beispiel ist der Nutzen beim Verzehr des ersten Kekses am Tag wahrscheinlich größer als der Nutzen, den eine Person beim Verzehr des zehnten Kekses empfindet.

KNAPPHEIT

Knappheit ist die Kluft zwischen unbegrenzten Wünschen und begrenzten Ressourcen. Solange es nicht genug von einer Sache gibt, um die Bedürfnisse und Wünsche aller zu befriedigen, herrscht Knappheit. Da Ressourcen wie Boden, Zeit und Geld knapp sind, muss entschieden werden, wie sie verteilt werden sollen – das ist die Grundlage aller Wirtschaftstheorien. Gäbe es unbegrenzte Ressourcen, müsste man keine derartigen Entscheidungen treffen. Die Knappheit sehr begehrter Güter wie Gold oder Fachwissen treibt den Preis dafür in die Höhe.

> **»Die Ökonomie rückt diesen Konflikt ins Blickfeld …«**
>
> Lionel Robbins

UNBEGRENZTE WÜNSCHE

»ZUTATEN« DER WIRTSCHAFT

Waren und Dienstleistungen werden mithilfe von vier verschiedenen Ressourcen oder »Produktionsfaktoren« hergestellt: Boden, Arbeit, Kapital und Unternehmertum. »Boden« umfasst sowohl Ackerland als auch die aus der Erde stammenden Rohstoffe wie Erdöl und Erze. »Arbeit« ist die Leistung, mit der Menschen ein Produkt herstellen oder eine Dienstleistung erbringen. »Kapital« bezieht sich in diesem Zusammenhang nicht auf Geld, sondern auf die in der Produktion verwendeten Werkzeuge und Geräte. Diese Faktoren werden durch »Unternehmertum« zusammengeführt – die Fähigkeit und den Antrieb, Innovationen zu entwickeln und Gewinne zu erzielen.

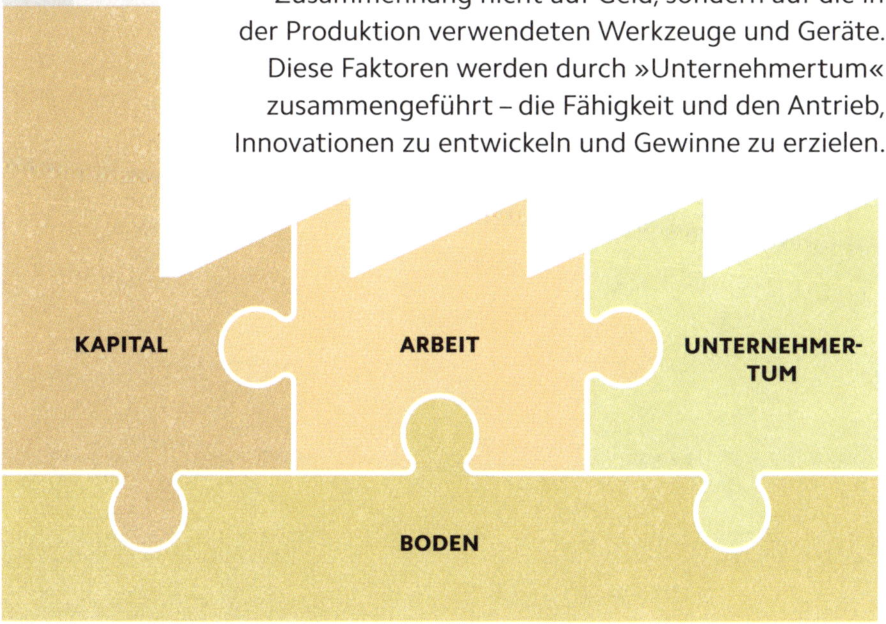

Bausteine der Wirtschaft
Diese vier Ressourcen (oder Inputs) werden benötigt, um Waren oder Dienstleistungen (Outputs) mit einem wirtschaftlichen Gewinn zu erschaffen.

WAS IST GELD?

Geld hat verschiedene Funktionen. Als »Tauschmittel« zwischen Käufer und Verkäufer kann es gegen etwas anderes getauscht werden. Sein Wert basiert dabei nicht auf seinem Material, sondern darauf, was man dafür bekommt. Geld ist auch eine »Recheneinheit« – eine allgemein anerkannte Methode, den Wert verschiedener Gegenstände zu messen und zu vergleichen. Zudem dient es in seiner Funktion als »Wertübertragungsmittel« als Grundlage für das Kreditwesen, sodass man jetzt etwas kaufen kann, was man später bezahlt. Schließlich lässt es sich, da es nicht verderblich ist, als »Wertaufbewahrungsmittel« für die Zukunft verwenden.

DER SCHLÜSSEL ZUM KAPITALISMUS

- RECHT AN DER NUTZUNG DES EIGENTUMS
- RECHT, DARAUS EIN EINKOMMEN ZU ERZIELEN
- RECHT, ES AN ANDERE ZU ÜBERTRAGEN
- RECHT AUF DURCHSETZUNG DER EIGENTUMSRECHTE

Eigentumsrechte stehen im Mittelpunkt des Wirtschaftssystems des Kapitalismus, das im 17. und 18. Jh. entstand. Im Kapitalismus gehört das »Eigentum«, z.B. ein Unternehmen, entweder einer Person oder einer Gruppe, nicht aber dem Staat. Die privaten Eigentümer können den Wert ihres Eigentums steigern und daraus Gewinne erzielen, die sie dann investieren oder als Einkommen entnehmen. Der Staat agiert als Garant und verabschiedet Gesetze, die das Privateigentum und die damit verbundenen Rechte – einschließlich des Verkaufs – schützen. Wenn alle sicher sein können, wem was gehört, finden wahrscheinlich mehr Transaktionen statt und der Markt funktioniert effizienter.

WIRTSCHAFTLICHE MESSGRÖSSEN

Es gibt zwei Arten von Messgrößen, die für Ökonomen von Interesse sind: Bestände und Ströme. Der Bestand bezeichnet die Gesamtmenge des Vermögens (Waren, Vermögenswerte, Geldmittel usw.), das gehalten wird und verfügbar ist. Kapitalströme bezeichnen die Zu- und Abflüsse dieses Vermögens über einen bestimmten Zeitraum. Durch die Aufrechnung der Zu- und Abflüsse (Einnahmen und Ausgaben) wird sichtbar, ob der Bestand zu- oder abnimmt.

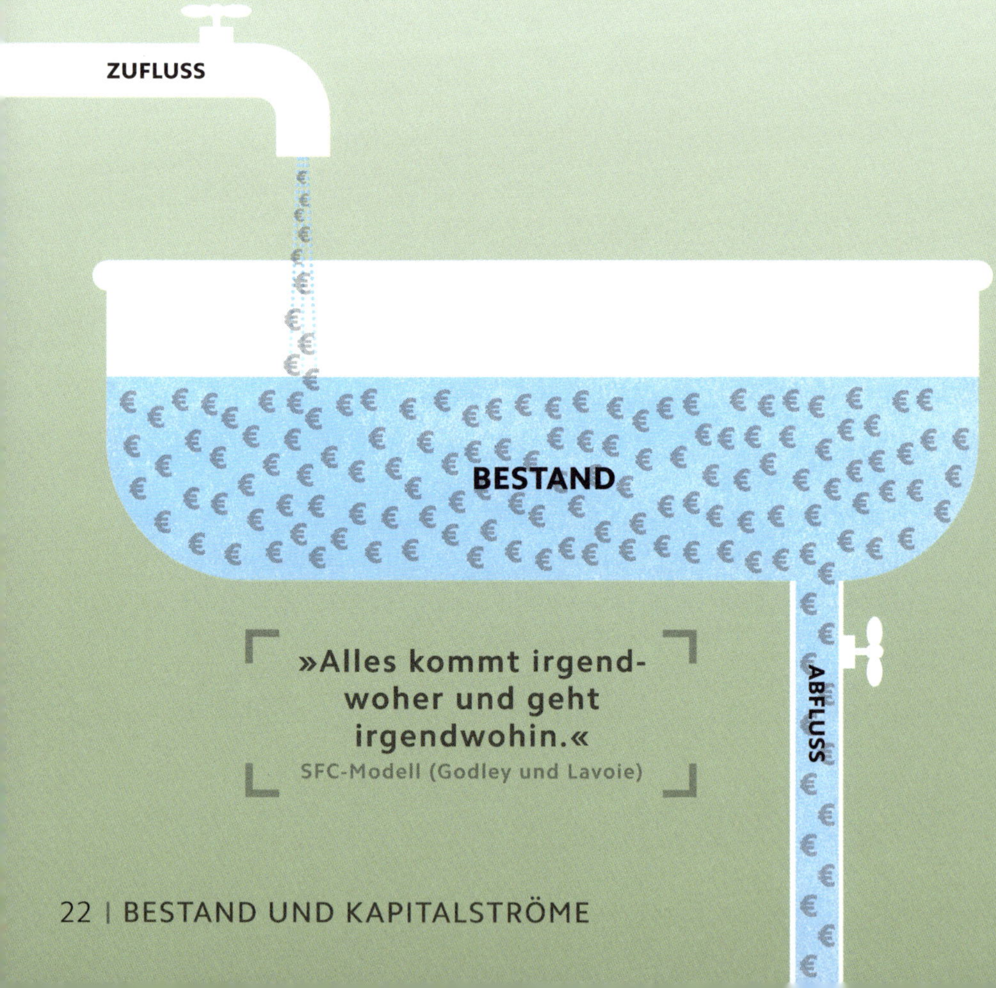

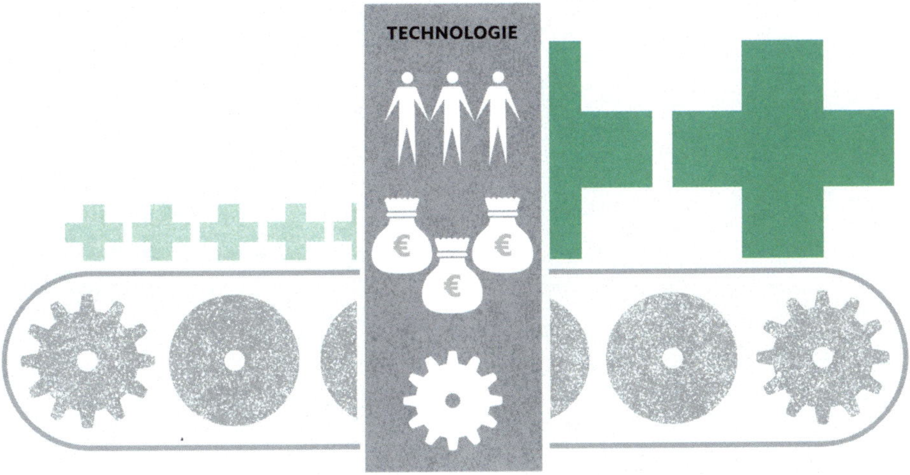

TECHNOLOGIE

In der Wirtschaftslehre bezeichnet Technologie alles, was dazu beiträgt, mehr oder bessere Waren und Dienstleistungen zu geringeren Kosten zu produzieren. Sie bezieht sich auf die Art, wie Inputfaktoren kombiniert werden, um ein Ergebnis (»Output«) zu erzeugen. Zu den Inputfaktoren zählen vor allem Kapital (Geld oder andere Vermögenswerte wie Maschinen) und Arbeit (Menschen und ihre Fähigkeiten). Wendet ein Unternehmen eine Technologie an, werden Inputfaktoren so kombiniert, dass bei minimalen Kosten ein maximaler Output entsteht. Die »technische Substitutionsrate« gibt an, in welchem Maß ein Inputfaktor (z.B. Arbeit) verringert werden könnte, wenn sich ein anderer Inputfaktor (z.B. Maschinen) ändert und die Produktivität insgesamt gleich bleiben soll.

DER FREIE MARKT

Im 18. Jh. behauptete Adam Smith, ein Markt gedeihe am besten, wenn er sich selbst überlassen werde. Seiner Ansicht nach diente es dem allgemeinen Vorteil, wenn Individuen in ihrem eigenen Interesse auf einem freien Markt handelten – und sei es unbeabsichtigt. Jeder Marktaustausch zwischen Käufern und Verkäufern signalisiert, was die Verbraucher wollen (Nachfrage), welche Produkte verfügbar sind (Angebot) und welchen Wert sie haben (Preis). Wenn also Menschen aus Eigeninteresse tauschen, bewegen sich Angebot, Nachfrage und Preis in Abhängigkeit voneinander nach oben oder unten, wie von einer unsichtbaren Hand gesteuert. Alle bekommen, was sie wollen, sodass der Markt in einem Zustand des »Gleichgewichts« bleibt.

Balanceakt
Nach Smiths Ansicht ist es effektiver als staatliche Regulierungen und Interventionen, wenn die »unsichtbare Hand« des freien Austauschs die Marktkräfte von Angebot und Nachfrage lenkt.

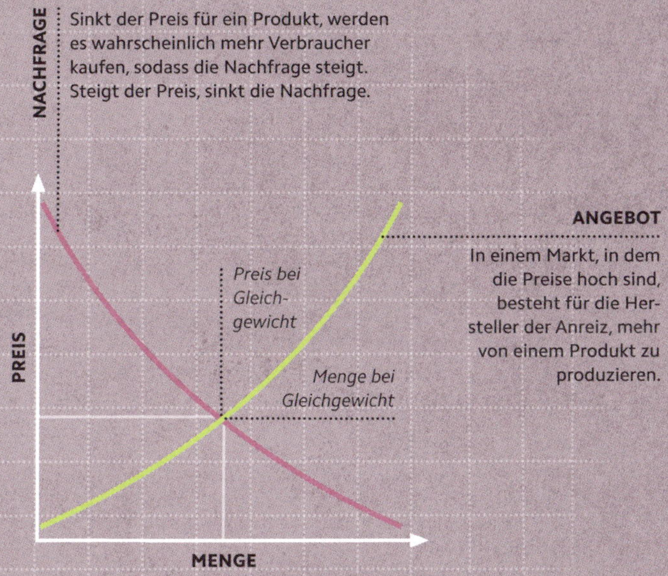

GEBEN UND NEHMEN

In der Mikroökonomie (siehe S. 10) bezieht sich der Ausdruck »Angebot und Nachfrage« auf das Verhältnis zwischen der Menge der angebotenen Waren und Dienstleistungen und der Menge, die Verbraucher kaufen wollen. Die Preisgestaltung von Waren wird durch das Zusammenspiel von Angebot und Nachfrage auf dem Markt bestimmt. Mit einem Preisanstieg sinkt die Nachfrage und das Angebot steigt. Bei steigendem Angebot und niedriger Nachfrage sinkt aber oft wieder der Preis. Wo Nachfrage und Angebot übereinstimmen, befindet sich der Markt im Gleichgewicht. Der Preis, der sich an diesem Gleichgewichtspunkt einstellt, heißt »Gleichgewichtspreis«.

WIRTSCHAFTSSYSTEME

Wie eine Gesellschaft entscheidet, was produziert wird, wie produziert wird und wer davon profitiert, hängt von ihrem Wirtschaftssystem ab. Eine freie Marktwirtschaft arbeitet ohne Regeln oder Vorschriften und stützt sich ausschließlich auf Angebot und Nachfrage (siehe S. 25) sowie das Gewinnstreben. Im Gegensatz dazu wird eine zentral geplante Wirtschaft vollständig vom Staat gesteuert. Die meisten Länder haben heute gemischte Wirtschaftsordnungen, in denen die Regierung die Rahmenbedingungen regelt und Teile der Wirtschaft (z. B. das Gesundheitswesen) kontrolliert, sich aber sonst nicht einmischt. Einige Länder, wie China, haben sich von einer Planwirtschaft zu einer gemischten Wirtschaftsordnung entwickelt, die immer noch einige sozialistische Werte und eine beträchtliche Anzahl von staatseigenen Unternehmen aufrechterhält.

Der Handel basiert auf der Maximierung des persönlichen Gewinns, ohne Vorschriften oder Grenzen. Zwar gibt es auf der Welt keine völlig freien Volkswirtschaften, aber einige greifen weniger in den Markt ein als andere.

Es gibt in der Regel einen öffentlichen und einen privaten Sektor. Private Innovationen, Wohlstand und Kapitalismus werden gefördert, aber Regierungen können Grenzen, Sanktionen oder Steuern einführen.

Die Regierung kontrolliert alle Aspekte der Produktion als Teil eines zentralisierten Plans, einschließlich der Preisfestsetzung. Manchmal wird alles Eigentum gemeinschaftlich, also nicht privat gehalten.

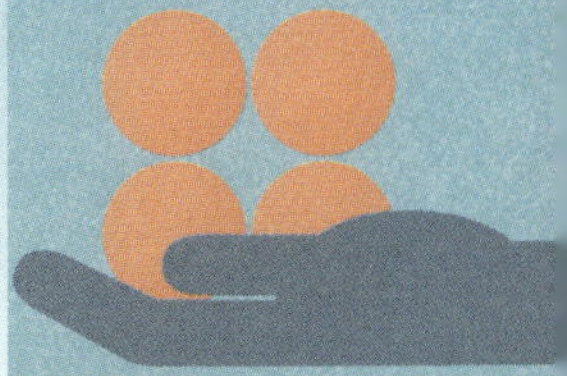

WIN-WIN-HANDEL

Handelsgewinne entstehen, wenn zwei oder mehr Parteien frei mit Waren und Dienstleistungen handeln. Die Parteien profitieren von diesem freiwilligen Austausch. Die Höhe des Gewinns lässt sich anhand der ökonomischen Wohlfahrt berechnen (siehe S. 104). Ist ein Markt im Gleichgewicht, gibt es im Handel keine nicht genutzten Gewinne und alle Parteien erzielen den maximalen Nutzen. Ein Beispiel für Handelsgewinne liefert der internationale Handel: Länder profitieren vom Abbau von Handelshemmnissen und der Spezialisierung auf Bereiche, in denen sie komparative Kostenvorteile haben (siehe S. 127).

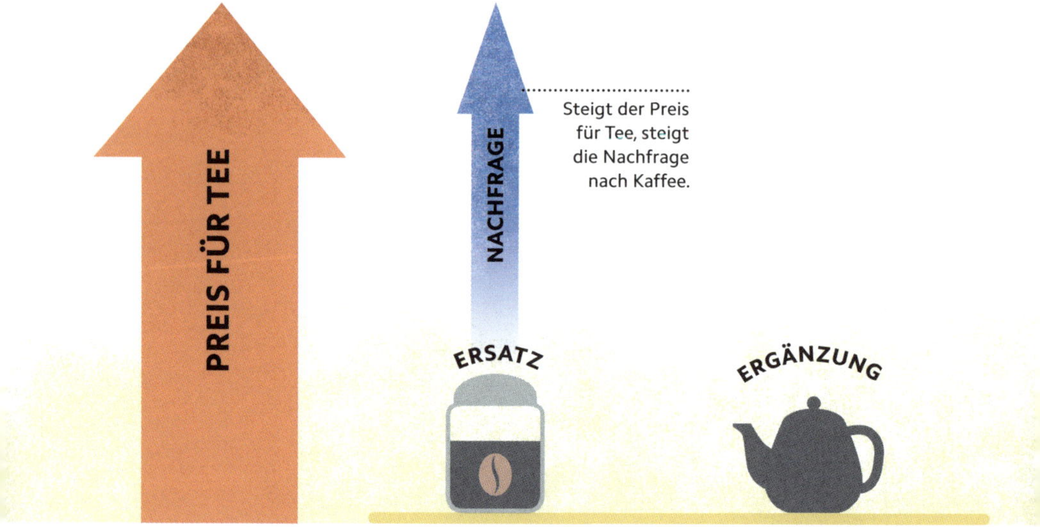

FREUND ODER FEIND

Substitutionsgüter sind Güter, die für gleiche (oder ähnliche) Zwecke verwendet werden, wie Tee und Kaffee. Verbraucher entscheiden sich oft für das eine oder andere, sodass die Waren miteinander konkurrieren. Komplementärgüter hingegen sind Güter, die ergänzend verwendet werden, z. B. Tee und Teekanne. Die Nachfrage nach einem bestimmten Gut wirkt sich auf die Nachfrage nach dessen Ersatz- und Ergänzungsprodukten aus. Steigt z. B. der Preis für Tee, sinkt dessen Nachfrage. Dadurch sinkt auch die Nachfrage nach seinen Komplementärgütern (wie Teekannen), während die Nachfrage nach den Substitutionsgütern (wie Kaffee) steigt.

GELD UND AUSWAHL

Güter sind konkrete Dinge – ob physisch oder digital –, die man kaufen kann. Mit zunehmendem Einkommen ändert sich die Nachfrage. »Normale« Güter wie Bücher, Lebensmittel und Haushaltsartikel werden dann stärker nachgefragt (bei einer Einkommenselastizität zwischen 0 und 1; siehe S. 31), während günstigere, »inferiore« Güter wie Secondhand-Kleidung oder generische Supermarktmarken weniger gekauft werden (bei einer Einkommenselastizität von weniger als 0). »Superiore« Güter, also Luxuswaren wie Sportwagen, sind eine Art der »normalen« Güter, weil die Nachfrage nach ihnen ebenfalls mit dem Einkommen steigt – ihre Einkommenselastizität ist jedoch größer als 1.

WANDEL ERZEUGT ÄNDERUNGEN

Eigenpreiselastizität
Misst, wie stark Angebot oder Nachfrage nach einem Artikel variieren, wenn sich sein Preis ändert. Unelastische Nachfrage zeigt wenig oder keine Veränderungen; elastische Nachfrage zeigt eine starke Veränderung.

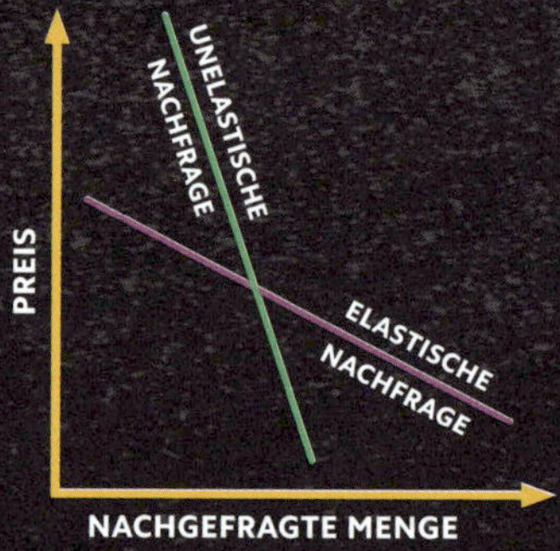

Kreuzpreiselastizität
Misst die Auswirkungen auf die Nachfrage nach einem Gut, wenn sich der Preis eines anderen ändert. Steigt der Preis, steigt auch die Nachfrage nach einem Ersatzgut, aber die Nachfrage nach einem Komplementärgut sinkt (siehe S. 28).

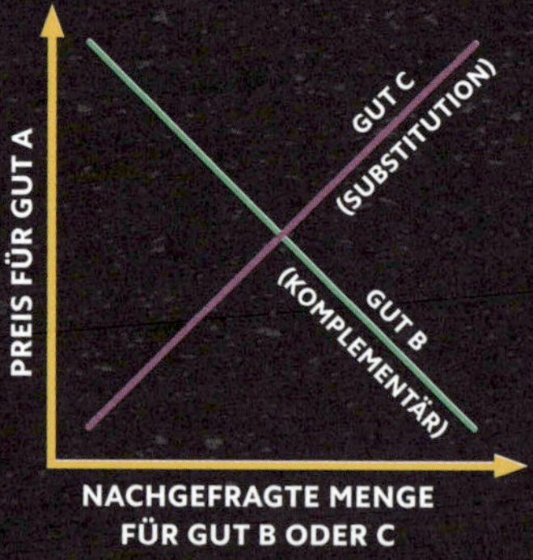

Elastizität ist ein Maß dafür, wie sensibel ein Wirtschaftsfaktor (z.B. die Nachfrage) auf Veränderungen anderer Faktoren (z.B. Preis oder Einkommen) reagiert. Die Nachfrage ist entweder »elastisch« oder »unelastisch«, je nachdem, wie stark sie von der Veränderung beeinflusst wird. Insulin gilt als unelastisches Gut, weil die Nachfrage trotz Preisanstiegen gleich bleibt. Urlaubsreisen hingegen sind sehr elastisch, da die Nachfrage mit steigenden Preisen schnell sinkt. Ökonomen messen diese Reaktionen mit dem »Elastizitätskoeffizienten«: Ein Koeffizient größer als 1,0 ist sehr elastisch; 0 ist dagegen völlig unelastisch. Es gibt vier Typen: Eigenpreis-, Kreuzpreis-, Einkommens- und Substitutionselastizität.

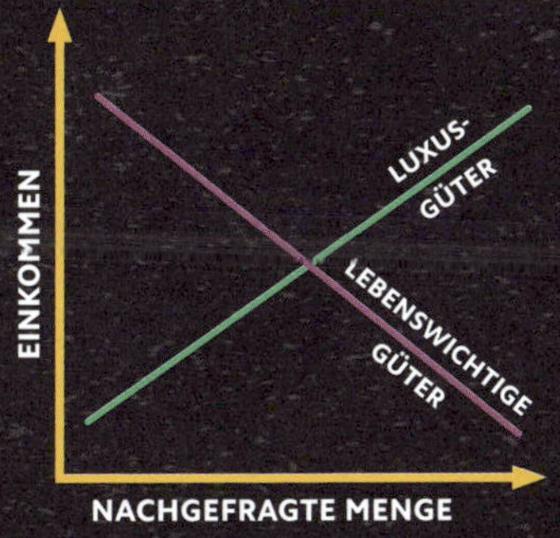

Einkommenselastizität
Misst die Veränderung der Nachfrage nach Gütern als Reaktion auf eine Veränderung des Einkommens. Unelastische Nachfrage betrifft Güter des täglichen Bedarfs, elastische Nachfrage betrifft Luxusgüter.

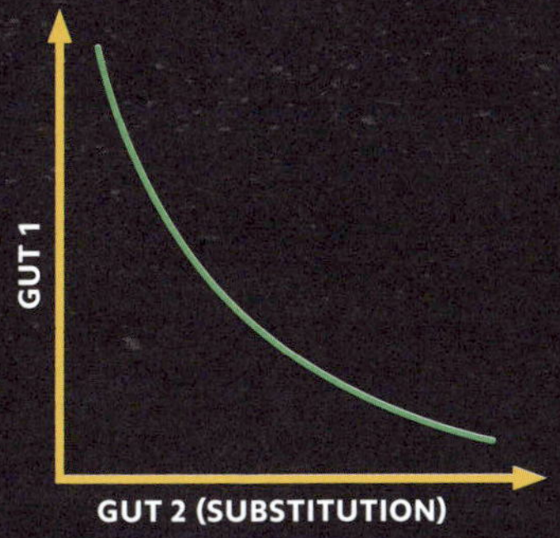

Substitutionselastizität
Misst, wie leicht ein Gut ersetzt werden kann. Je einfacher der Wechsel für die Verbraucher ist, desto elastischer ist die Nachfrage.

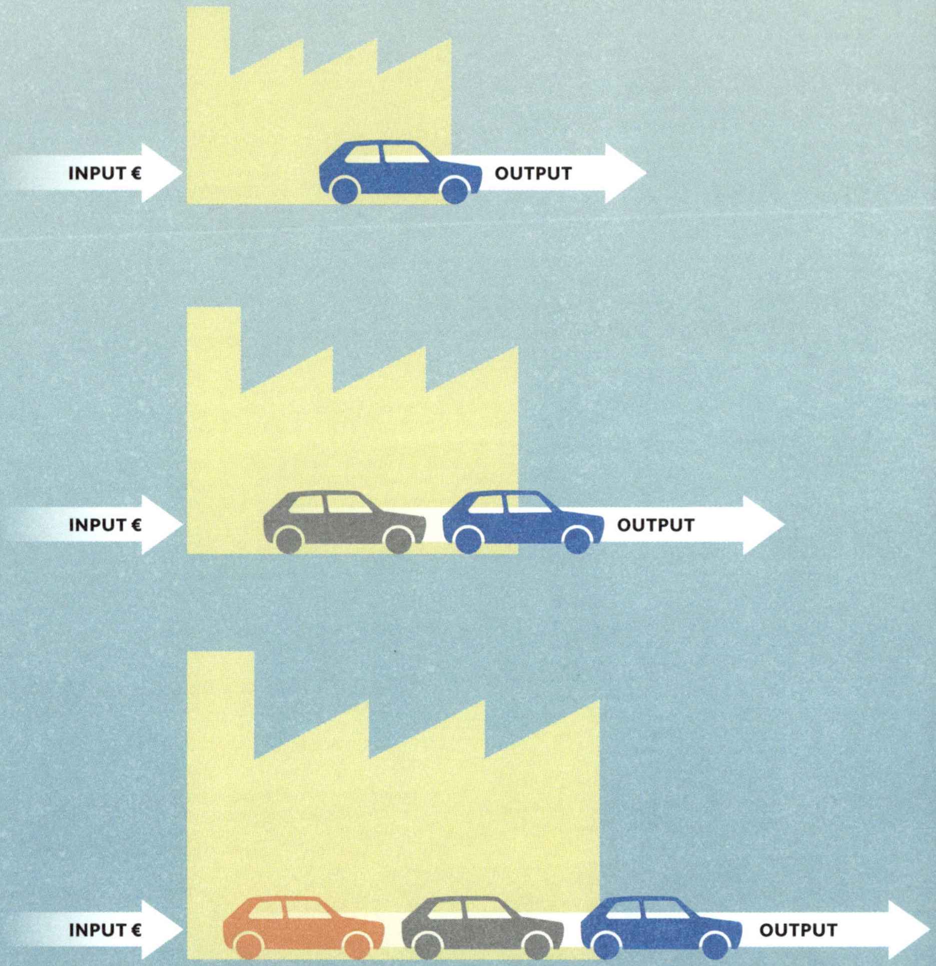

Skaleneffekte
Bestimmte Fixkosten fallen unabhängig von der Produktionsmenge an, sodass eine Steigerung der Produktion den Preis pro Einheit senkt. Je größer die Fabrik, desto niedriger die durchschnittlichen Kosten.

Verbundeffekte
Mit einer Erhöhung des Umfangs (Produktsortiment) lassen sich die Kosten senken, sofern für die Herstellung jedes Produkts die gleichen Ressourcen verwendet werden können. Ein Auto, ein Lkw und ein Traktor können z. B. alle einen gleichartigen Motor haben.

EXPANDIEREN UND DIVERSIFIZIEREN

Mittels Skalen- und Verbundeffekten können Unternehmen ihre Kosten senken und sich durch Wachstum oder Diversifizierung einen Wettbewerbsvorteil gegenüber der Konkurrenz verschaffen. Skaleneffekte entstehen, wenn ein Unternehmen Artikel billiger herstellen kann, indem es sie in größerer Anzahl produziert. So könnte z. B. ein Automobilhersteller feststellen, dass die Produktion von fünf Autos 500 000 € kostet (100 000 € pro Stück), dass sich aber 10 000 Autos für 100 Mio. € bauen lassen (10 000 € pro Stück). Verbundvorteile ergeben sich, wenn ein Unternehmen mit gleichen Inputfaktoren (Arbeit, Komponenten oder Ausrüstung) eine größere Vielfalt von Produkten herstellen kann. Für einen Automobilhersteller ist es z. B. vorteilhaft, wenn er aus gemeinsamen Komponenten verschiedene Fahrzeugtypen herstellt.

POTENZIAL FREISETZEN

Ökonomen bezeichnen mit den Begriffen »kurzfristig« und »langfristig« keine Zeiträume, sondern die Möglichkeit, Produktionsfaktoren anzupassen. Auf »kurze Frist« ist zumindest ein Produktionsfaktor festgelegt und nicht veränderbar. So könnte ein Unternehmen z.B. die Produktion steigern, indem es die Belegschaft zu Überstunden auffordert, allerdings ist seine Kapazität durch die Größe der Fabrik begrenzt. Auf »lange Frist« können dagegen alle Produktionsfaktoren verändert werden – z.B. ließe sich eine weitere Fabrik bauen oder ein effizienteres Produktionsverfahren entwickeln.

KURZE FRIST

Kurzfristig ist mindestens ein Produktionsfaktor gebunden und kann nicht verändert werden, z.B. das verfügbare Kapital.

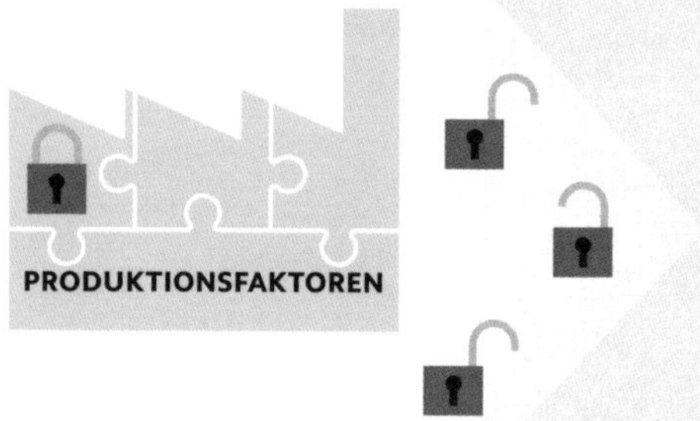

Langfristig lassen sich alle Produktionsfaktoren freisetzen und verändern, damit Unternehmen auf einen sich verändernden Markt reagieren können.

LANGE FRIST

Spezialisierung
Die Aufteilung von Arbeit in spezialisierte Aufgaben erhöht die Produktivität. Güter können in Serie produziert werden, wenn jeder Arbeiter an einem Fließband eine andere Funktion erfüllt.

ARBEITSTEILUNG

Arbeitsteilung beschreibt die Verteilung verschiedener Aufgaben. Im 18. Jh. argumentierte Adam Smith, dass die Produktion effizienter wäre, wenn sich einzelne Arbeiter jeweils auf eine Aufgabe spezialisieren und nur auf diese konzentrieren würden, anstatt alle Produktionsschritte zu erledigen. So könnten sie besondere Fähigkeiten entwickeln sowie schneller und besser arbeiten. Smith betrachtete die Spezialisierung als Motor des Wirtschaftswachstums. Heute ist die Arbeitsteilung in den meisten Unternehmen die Regel und funktioniert sogar auf globaler Ebene. Einige Ökonomen argumentieren jedoch, dass sie sowohl am Arbeitsplatz als auch in der Gesellschaft Hierarchien schaffe – etwa zwischen gelernten und ungelernten Arbeitern.

VOLKS-
WIRTSC
IN DER P

HAFTEN
RAXIS

Volkswirtschaften bestehen aus lauter einzelnen Entscheidungen – kleinen, die individuelles Kaufverhalten betreffen, und großen wie der Frage, wie viel Steuern der Staat von der Bevölkerung erheben soll. Die großen Entscheidungen sind diejenigen, die für Schlagzeilen sorgen, und wenn wir die grundlegenden wirtschaftlichen Konzepte kennen, die diese Entscheidungen beeinflussen – von Besteuerung und Inflation bis hin zu Zinsen und Arbeitslosigkeit – sehen wir, wie sie sich auf den Alltag auswirken. Ökonomen betrachten diese zentralen Konzepte auch bei der Analyse von Volkswirtschaften, denn damit lassen sich oft die Auswirkungen von verschiedenen Maßnahmen voraussehen, beispielsweise von Eingriffen seitens des Staates (Fiskalpolitik) oder der Zentralbank (Geldpolitik).

WIRTSCHAFTSKRAFT MESSEN

Das Bruttoinlandsprodukt (BIP) ist ein Maß für die Wirtschaftskraft und die Gesundheit eines Landes über einen bestimmten Zeitraum. Anhand des BIP lässt sich das Wachstum einer Volkswirtschaft beobachten, ihre Größe mit der anderer Länder vergleichen oder der Lebensstandard eines Landes (BIP pro Kopf/Person) messen. Das BIP wird auf unterschiedliche Weise bereinigt, z.B. wird oft die Inflation berücksichtigt, aber im Wesentlichen handelt es sich dabei um die Summe der Konsumausgaben für inländische Waren und Dienstleistungen, der Staatsausgaben, der privaten inländischen Investitionen (Ausgaben der Unternehmen) und des Handelsbilanzsaldos (siehe S. 124).

OUTPUT UND AUSGABEN

Die makroökonomischen (siehe S. 11) Begriffe des gesamtwirtschaftlichen Angebots und der gesamtwirtschaftlichen Nachfrage bezeichnen die Gesamtmenge von Angebot und Nachfrage nach Waren und Dienstleistungen in einer Volkswirtschaft zu einem bestimmten Zeitpunkt. Das gesamtwirtschaftliche Angebot umfasst alles, was eine Volkswirtschaft produziert und verkauft: Es wird auch Bruttoinlandsprodukt (BIP; siehe links) genannt. Die gesamtwirtschaftliche Nachfrage ist die Gesamtmenge der Ausgaben für inländische Waren und Dienstleistungen. Das Gleichgewicht zwischen beiden spiegelt sich in der Beziehung zwischen Output und Preis wider.

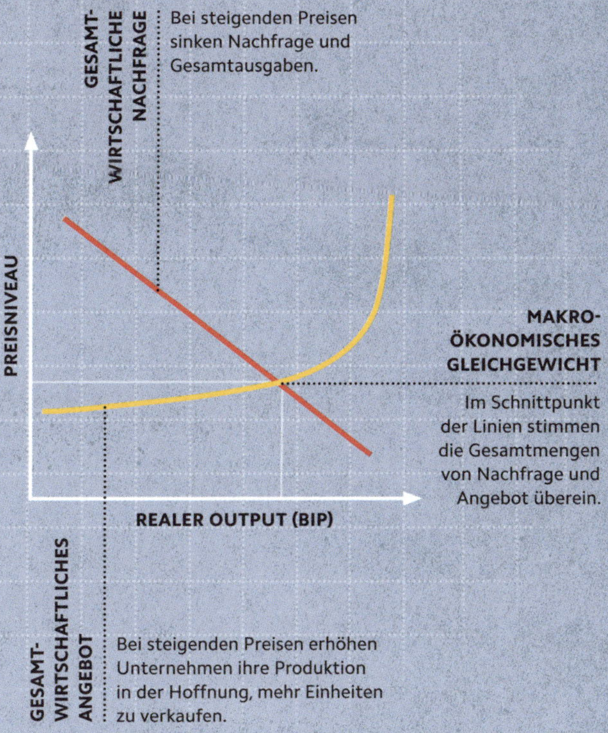

MÄRKTE AUF KURS HALTEN

In der freien Marktwirtschaft werden theoretisch alle Entscheidungen von privaten Unternehmen und Einzelpersonen getroffen – ohne staatliche Intervention. In der Praxis gibt es jedoch kein Land auf der Welt, in dem der Staat keine wirtschaftliche Rolle spielt, zumindest in geringem Maße. So schützt der Staat die Eigentumsrechte, erhebt Steuern, stellt öffentliche Güter und Dienstleistungen bereit und reguliert die Märkte. Oft versuchen die Regierungen auch, die Wirtschaft mithilfe der Fiskal- (siehe S. 44) und Geldpolitik (siehe S. 58–59) zu lenken.

Regulierer
Verabschiedet Schutzgesetze, z. B. zu Mindestlöhnen, Gesundheit und Sicherheit, maximalen Arbeitszeiten und Grenzwerten für den Umweltschutz.

Investor
Finanziert Dienstleistungen, die der Markt nicht erbringt, z. B. Investitionen in gut ausgebildete Arbeitskräfte und den Ausbau wichtiger Infrastruktur.

Wirtschaftsakteur
Legt die Haushalts- und Geldpolitik fest, um das Land durch die verschiedenen Phasen des Konjunkturzyklus (Boom und Rezession) zu führen.

Verwalter sozialer Ressourcen
Steuert die Ressourcen, die für das normale Funktionieren der Gesellschaft und das Wohlergehen der Menschen unerlässlich sind, wie Wasser und Freiflächen.

Garant für freien und fairen Wettbewerb
Unterstützt das reibungslose Funktionieren des Marktes, z. B. durch Bekämpfung von Monopolen (siehe S. 96).

Bewahrer von Recht und Ordnung
Schützt Eigentumsrechte sowie Recht und Ordnung durch Gerichte, Polizei und nationale Verteidigung, was von entscheidender Bedeutung für das Funktionieren des Marktes ist.

AUSGLEICH DER ÖFFENTLICHEN FINANZEN

Der öffentliche Sektor stellt öffentliche Güter (siehe S. 101) und Dienstleistungen (siehe S. 43) zur Verfügung, die von der Regierung verwaltet werden. Er bezieht den größten Teil seiner Einnahmen aus Steuern, kann aber auch Gebühren für Dienstleistungen erheben, Bußgelder verhängen und Erträge aus Investitionen (Mieten, Dividenden und Zinsen) einnehmen. Um mehr Geld zu erhalten, kann er sich bei Anlegern wie Pensionsfonds verschulden, indem er Staatsanleihen verkauft, für die er jedoch Zinsen zahlen muss.

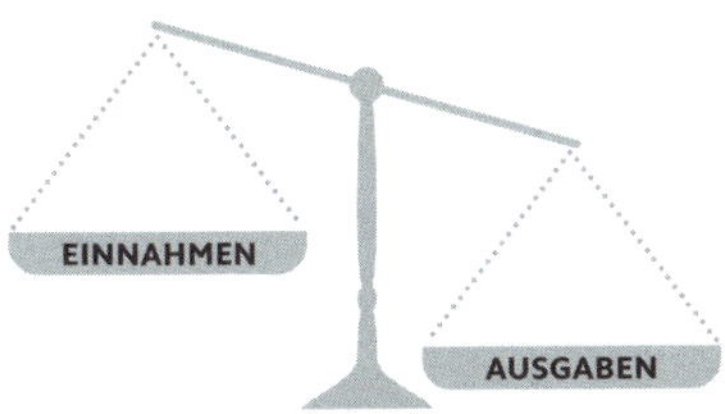

Defizit
Eine Regierung hat ein Defizit, wenn sie mehr ausgibt, als sie einnimmt. Das Defizit wird durch Kreditaufnahme ausgeglichen.

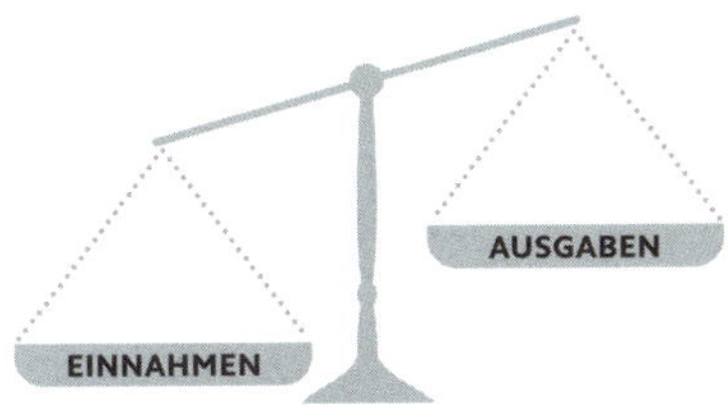

Überschuss
Eine Regierung, die mehr verdient, als sie ausgibt, kann mit dem Überschuss Schulden zurückzahlen oder auch die Wirtschaft ankurbeln.

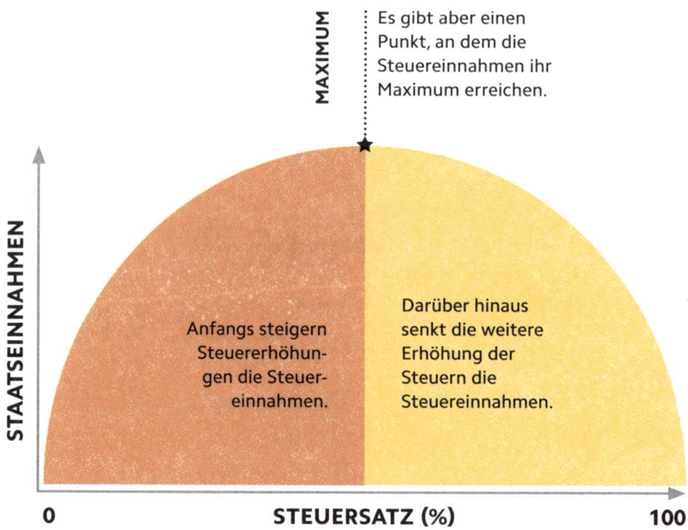

DIE RICHTIGE BESTEUERUNG

Es mag einleuchtend erscheinen, dass eine Erhöhung der Steuersätze die Geldmenge vergrößert, die der Regierung für öffentliche Dienstleistungen zur Verfügung steht. Um etwa 1980 stellte Arthur Laffer jedoch die Theorie auf, dass hohe Steuern die Menschen demotivieren und ihre Arbeitsleistung und damit die Steuereinnahmen senken. Steuersenkungen, so Laffer, fördern dagegen Arbeit und Output und erhöhen somit die Steuereinnahmen. Sein einfaches Diagramm, die Laffer-Kurve, zeigt die Beziehung zwischen Steuersatz und Steuereinnahmen. Seine Theorie wurde zur damaligen Zeit zur Rechtfertigung von Steuersenkungen herangezogen, gilt aber mittlerweile als zu stark vereinfacht.

> **»Wenn Sie Menschen besteuern, die arbeiten, … wird es viele geben, die nicht arbeiten …«**
>
> Arthur Laffer

WOHIN GEHEN DIE STEUERN?

Die öffentlichen Dienstleistungen werden vom öffentlichen Sektor erbracht (siehe S. 41), wobei die Behörden auch mit dem privaten oder Non-Profit-Sektor zusammenarbeiten können. Die Dienstleistungen variieren je nach Land und politischer Einstellung, aber sie gelten als nützlich für die Gesellschaft. Sie werden aus Steuermitteln finanziert und oft kostenlos bereitgestellt. Einige, wie die Feuerwehr, stehen allen zur Verfügung. Andere schließen Personen aus, die eine bestimmte Steuer nicht bezahlen: Wer z.B. die Kfz-Steuer nicht bezahlt, darf nicht auf öffentlichen Straßen fahren

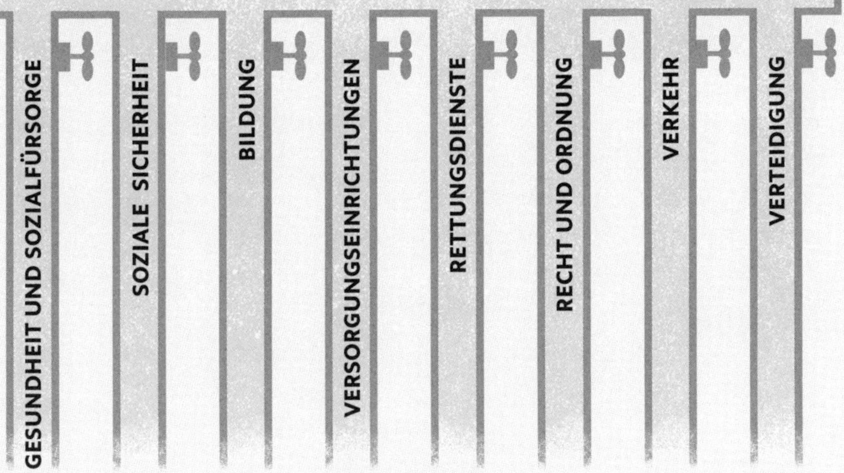

STAATLICHE EINGRIFFE

Die Regierungen versuchen, die Wirtschaft ihres Landes auf zwei Arten zu steuern: indirekt über die Geldpolitik der Zentralbank (siehe S. 58–59) und direkt über ihre eigene Fiskalpolitik. Die Fiskalpolitik ist bestrebt, ein Gleichgewicht zwischen Steuersätzen und öffentlichen Ausgaben zu schaffen. Um etwa 1930 argumentierte John Maynard Keynes, dass die Regierung durch die Beeinflussung der in einer Volkswirtschaft zirkulierenden Geldmenge die Konjunkturzyklen (siehe S. 48–49), die Inflation (siehe S. 52–53) und die Arbeitslosigkeit (siehe S. 64) regulieren kann.

Expansive Ausgabenpolitik senkt Steuern und erhöht öffentliche Ausgaben, um Nachfrage und Wirtschaft anzukurbeln.

Übermäßige Ausgaben können zu Inflation führen, da eine zu große Nachfrage die Preise in die Höhe treibt.

Eine kontraktive Geldpolitik erhöht die Steuern und senkt die öffentlichen Ausgaben, um die Nachfrage zu verringern und die Inflation zu kontrollieren.

Die Reduzierung der Geldmenge kann die Nachfrage so stark reduzieren, dass womöglich eine Rezession ausgelöst wird.

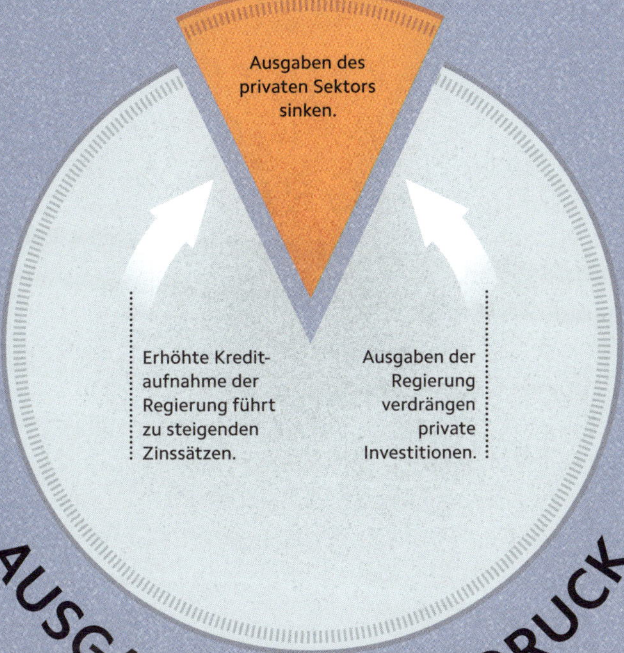

AUSGABEN UNTER DRUCK

Staatsausgaben können zu einer »Verdrängung« führen, d.h. zu einem entsprechenden Rückgang der Ausgaben des privaten Sektors. Erhöht eine Regierung z.B. die Ausgaben für Sozialleistungen, Infrastruktur oder Gewerbe, können private Unternehmen in diesen Sektoren nicht konkurrieren, da Verbraucher kostenlose oder subventionierte öffentliche Dienstleistungen den teureren privaten vorziehen. Eine höhere Kreditaufnahme des Staates zur Finanzierung von Ausgaben kann wiederum zu steigenden Zinssätzen führen, sodass es für Privatunternehmen schwieriger wird, Kredite zur Finanzierung ihrer Projekte aufzunehmen. Staatsausgaben verdrängen jedoch nicht immer private Investitionen: In einer sich abschwächenden Wirtschaft können staatliche Investitionen Arbeitsplätze und Einkommen schaffen, was wiederum die privaten Ausgaben ankurbelt (siehe S. 46–47).

STAATLICH GEFÖRDERTES WACHSTUM

Um etwa 1930 beschrieb John Maynard Keynes einen Multiplikatoreffekt: Seiner Ansicht nach verhelfen fiskalische Anreize (Investitionen seitens der Regierung) der Wirtschaft zu einem Aufschwung, indem sie die Nachfrage und damit das Angebot steigern. Die ursprüngliche Investition durchläuft die Kreislaufwirtschaft und multipliziert sich bei jedem Durchlauf, da die Nachfrage das Angebot weiter ankurbelt. Kritiker bemängeln, die Theorie lasse das Risiko einer Verdrängung privater Investitionen durch den Staat (siehe S. 45) sowie die langfristigen Auswirkungen höherer Verschuldung und höherer Steuern außer Acht.

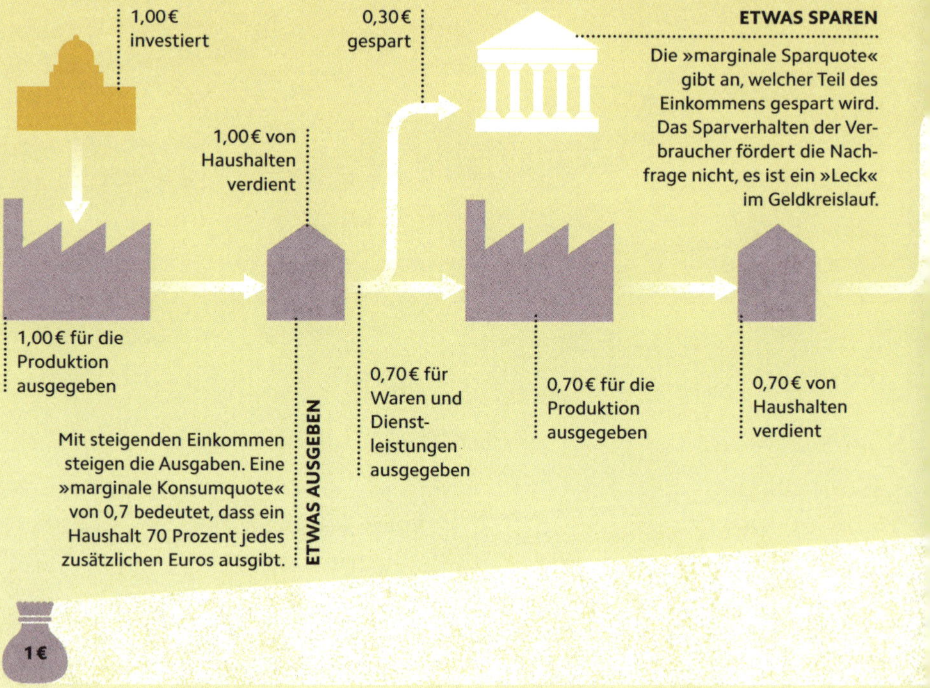

> »Die Rolle des Geldes besteht ... darin, dass es eine Verbindung zwischen der Gegenwart und der Zukunft herstellt.«
>
> John Maynard Keynes

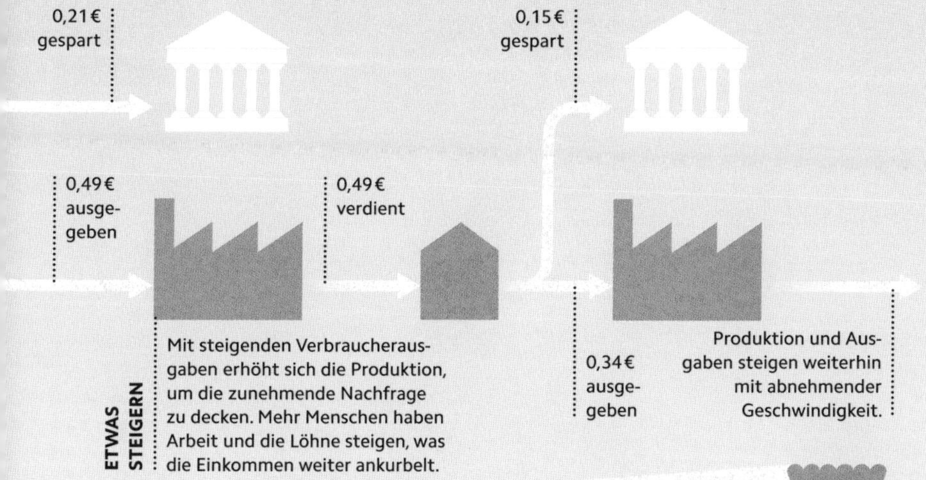

$$\frac{1}{1 - MPC}$$

Ökonomen beschreiben die Auswirkungen der Staatsausgaben anhand einer Formel (siehe links). MPC bezeichnet die »marginale Konsumquote« (*Marginal Prospensity to Consume*). Da MPC in diesem Beispiel gleich 0,7 ist, erhält man den Multiplikator, wenn man 1 durch 1 – 0,7 teilt: 3,33. Das bedeutet, dass aus jedem investierten Euro 3,33 € werden.

Volkswirtschaften sind selten stabil – sie schwanken naturgemäß zwischen Phasen der Expansion und Kontraktion. Während eines Aufschwungs nimmt die Wirtschaftsaktivität zu, die Verbraucher geben mehr aus und die Arbeitslosigkeit sinkt. In diesem Fall verschärfen sich die Marktbedingungen: Das Angebot kann mit der hohen Nachfrage nicht Schritt halten und Unternehmen müssen entweder mehr für Löhne und Gehälter ausgeben oder die Preise erhöhen oder sogar beides. Höhere Preise bremsen schließlich die Ausgaben, da sich die Leute auf das beschränken, was sie sich leisten können. Die Wirtschaft schrumpft und kann in eine Rezession (Abschwung) geraten. Nach einer Phase rückläufiger Wirtschaftsaktivität passen sich die Preise vollständig an, die Nachfrage erreicht einen Tiefpunkt. Der Zyklus wiederholt sich, wenn die Wirtschaft wieder zu wachsen beginnt.

Stetiges Wachstum
Die Nachfrage steigt und Unternehmen stellen mehr Mitarbeiter ein, um die Produktion anzukurbeln. Der Wettbewerb um Arbeitskräfte führt zu steigenden Löhnen und einem zunehmenden Verbrauchervertrauen.

Kontraktion
Die Verbraucher verlieren das Vertrauen und stoppen die Ausgaben. Unternehmen verlieren das Vertrauen und bremsen die Investitionen – vielleicht aufgrund eines Börsencrashs oder eines Zinsanstiegs. Wenn die Nachfrage einbricht, wird weniger produziert.

Schnelles Wachstum
Nachfrage und Produktion boomen. Steigt die Nachfrage jedoch schneller als die Produktion, können die Preise in die Höhe schnellen und die Menschen zu viel investieren, sodass das Wachstum nicht nachhaltig ist. Dies führt letztendlich zu einem Crash.

AUF UND AB

Konjunkturblase
Eine Blase bildet sich, wenn die Preise für Dinge wie Immobilien plötzlich weit über den tatsächlichen Wert hinaus steigen. Sie platzt, wenn die Preise wieder nach unten stürzen.

Rezession
Unternehmen reduzieren ihre Produktion und setzen weniger Ressourcen ein – auch weniger Arbeitskräfte. Die Arbeitslosigkeit steigt und die Löhne sinken. Mit sinkenden Konsumausgaben und rückläufiger Produktion fällt die Wirtschaft in ein Konjunkturtief (Abschwung).

AUF UND AB BEI IMMOBILIEN

Der Immobilienzyklus ist das Muster, nach dem die Immobilienpreise steigen, fallen und sich dann wieder erholen. Das Auf und Ab in der Gesamtwirtschaft spiegelt sich darin wider (siehe S. 48–49). Die Preise steigen, wenn das Vertrauen wächst und die Anleger in Immobilien investieren. Schließlich erreichen die Preise ein unhaltbares Niveau, die Käufer bleiben aus und die Preise fallen deutlich. Am Ende ziehen niedrigere Preise Schnäppchenjäger an und die Preise erholen sich allmählich wieder. Nur ein Eingreifen von außen kann diesen Zyklus bremsen. So haben die Zentralbanken nach der Finanzkrise von 2008 eine quantitative Lockerung vorgenommen (siehe S. 61) und Geld in die Volkswirtschaften gepumpt, um den Einbruch des Immobilienzyklus möglichst abzufedern.

ERWARTUNGEN BESTIMMEN DIE AUSGABEN

Die 1957 von Milton Friedman eingeführte Hypothese permanenter Einkommen geht davon aus, dass die Ausgaben der Menschen gleichmäßig über die Zeit verteilt sind. Jemand, der eine Einkommenserhöhung erhält, wird nicht sofort mehr ausgeben. Stattdessen richten sich die Ausgaben nach dem »permanenten Einkommen«, mit dem die Menschen langfristig rechnen können. Die Hypothese gibt politischen Entscheidungsträgern zu bedenken, dass Einkommenserhöhungen meist nur dann zu einem Anstieg der Ausgaben führen, wenn der Anstieg als nachhaltig empfunden wird.

Steigende Einkommen
Menschen geben nur dann mehr aus, wenn sie erwarten, dass ihr permanentes Einkommen steigt. Ein einmaliger Geldsegen wird wahrscheinlich keinen plötzlichen Kaufrausch auslösen.

Sinkende Einkommen
Menschen geben weniger aus, wenn sie erwarten, dass ihr permanentes Einkommen sinkt. Wenn jemand daran zweifelt, dass ein Geldsegen dauerhaft ist, spart er mehr Geld für zukünftige Bedürfnisse.

In allen Volkswirtschaften variieren die Preise im Zeitverlauf. Inflation setzt ein, wenn die Preise steigen, aber die Kaufkraft der Verbraucher nicht Schritt halten kann, sodass sie weniger für ihr Geld kaufen können. Sie kann durch steigende Nachfrage ausgelöst werden (z. B. wenn ein Land zu viel Geld druckt) oder durch steigende Produktionskosten. In der Regel wird die Inflation anhand der durchschnittlichen Preiserhöhung eines Warenkorbs mit ausgewählten Gütern in Indizes wie dem Verbraucherpreisindex (VPI; siehe S. 55) gemessen. Inflation bedeutet, dass mit der Währung eines Landes weniger gekauft werden kann, sodass der Wert dieser Währung sinkt. Während eine schleichende Inflation normal ist, kann eine schnelle Inflation zum wirtschaftlichen Zusammenbruch führen.

Nachfragebedingte Inflation

Sie tritt ein, wenn die Verfügbarkeit von Geld und Krediten dazu führt, dass die Nachfrage nach Waren und Dienstleistungen viel schneller steigt als die Fähigkeit eines Landes, seine Produktion zu steigern. Die steigende Nachfrage zieht die Preise nach oben.

Hyperinflation
Steigen die Preise für Waren und Dienstleistungen um mehr als 50 % pro Monat, so spricht man von Hyperinflation. Sie kann eintreten, wenn ein Land zu viel Geld druckt und daher die Nachfrage das Angebot übersteigt.

Kosteninflation
Dies ist der Fall, wenn die Preise aufgrund höherer Produktionskosten steigen, die oft durch höhere Löhne oder Rohstoffkosten verursacht werden. Da es für die Verbraucher keine Alternativen gibt, bleibt die Nachfrage bei steigenden Preisen unverändert.

> **»[Inflation] ist ein Mittel, den Leuten ihr Vermögen zu nehmen, ohne offensichtlich die Steuern zu erhöhen.«**
> Thomas Sowell

ARBEITSLOSIGKEIT UND INFLATION

Die um etwa 1950 von William Phillips entwickelte Phillips-Kurve legt eine umgekehrte Beziehung zwischen Arbeitslosigkeit und Inflation nahe: Steigt die Arbeitslosigkeit, steigen die Löhne und auch die Preise langsam; sinkt dagegen die Arbeitslosigkeit, steigen die Löhne und die Preise schnell. Steigende Löhne und Preise führen zu Inflation (siehe S. 52–53). Laut Phillips müssen die Arbeitgeber bei sinkender Arbeitslosigkeit die Löhne erhöhen, um die knappen Arbeitskräfte für sich zu gewinnen. In mehreren Phasen von »Stagflation« (wirtschaftliche Stagnation bei gleichzeitiger hoher Inflation) in den 1970er-Jahren passten Ökonomen das Modell jedoch so an, dass es die Rolle der Erwartungen der Menschen an zukünftige Preise und Löhne berücksichtigt (siehe S. 51).

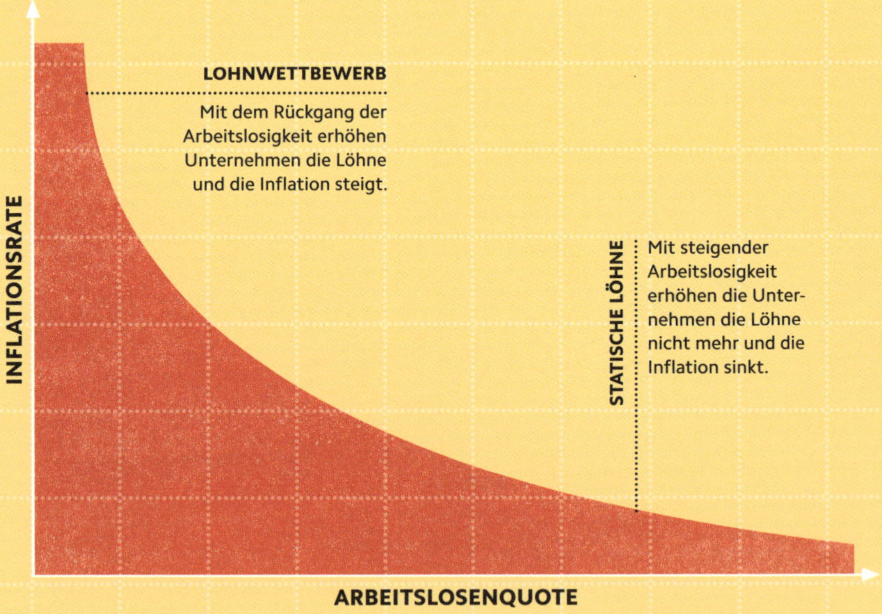

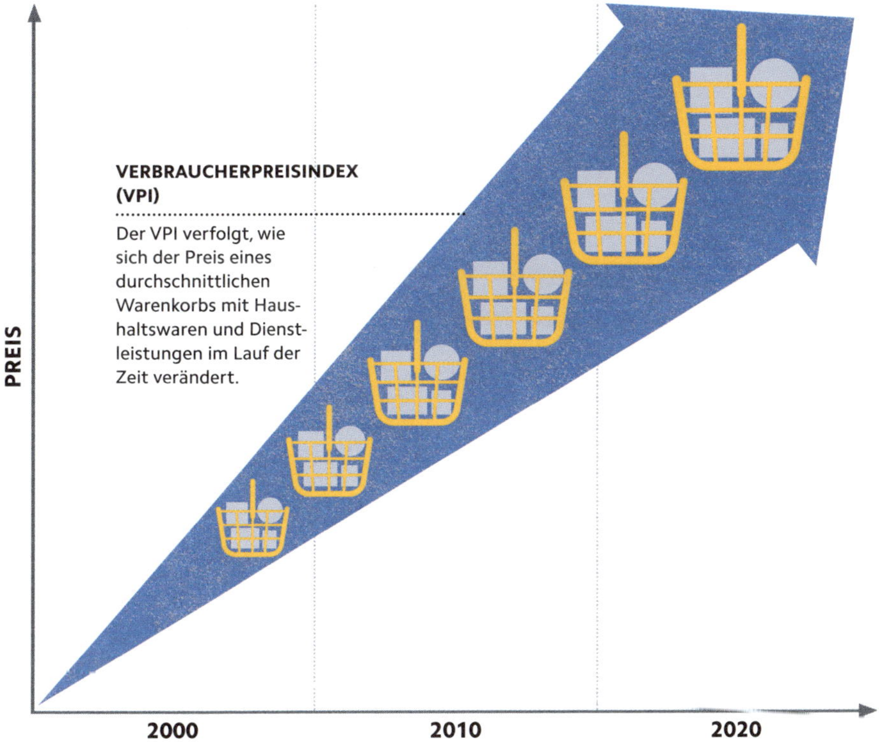

INFLATION MESSEN

Mit einem Preisindex lässt sich die Inflation messen. Er bewertet, um wie viel sich der Preis eines Warenkorbs aus ausgewählten Waren und Dienstleistungen über einen bestimmten Zeitraum verändert. Als allgemeine Indizes gelten weltweit der Verbraucherpreisindex (VPI) für Waren und Dienstleistungen, die von Haushalten eingekauft werden, der Großhandelspreisindex (GHPI) für die von Großhändlern und Herstellern berechneten Preise sowie der Erzeugerpreisindex für gewerbliche Produkte. Die Indizes haben eine Basis von 100: Wenn also ein Warenkorb um 20 Prozent ansteigt, liegt der neue Index bei 120.

PREIS UND ANGEBOT

Nachdem im 16. Jh. mit dem Prägen von Münzen Gold und Silber in den Wirtschaftskreislauf eingeführt worden waren, stiegen die Preise. Dies veranlasste den Mathematiker Nikolaus Kopernikus zu der Schlussfolgerung, dass die Preise proportional steigen, wenn die Geldmenge in einer Volkswirtschaft zunimmt (sofern alle anderen Faktoren gleich bleiben). Je mehr Geld also zur Verfügung steht, umso weniger ist es wert. 1911 stellte Irving Fisher eine Gleichung auf, um die Theorie mathematisch zu untermauern. Die Gleichung zeigt auf, dass der Gesamtbetrag der Ausgaben (M × V) immer gleich dem Gesamtbetrag ist, der bei diesen Transaktionen eingenommen wird (P × T).

$$M \times V = P \times T$$

Geldmenge
Die in einer Volkswirtschaft vorhandene Menge an Geld

Geldumlaufgeschwindigkeit
Wie oft das Geld den Besitzer wechselt

Durchschnittliches Preisniveau
Der Preis, zu dem Artikel verkauft werden

Transaktionen
Wie häufig Artikel verkauft werden (Handelsvolumen)

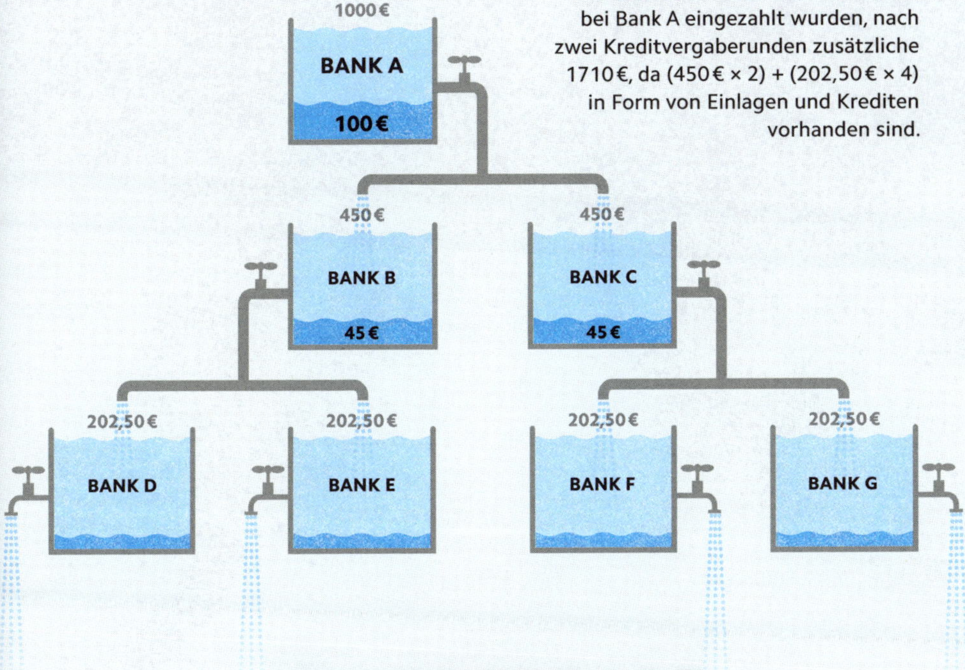

Wie vermehren sich Ihre 1000 €?
Bei einem Mindestreservesatz von zehn Prozent werden aus 1000 €, die bei Bank A eingezahlt wurden, nach zwei Kreditvergaberunden zusätzliche 1710 €, da (450 € × 2) + (202,50 € × 4) in Form von Einlagen und Krediten vorhanden sind.

WUNDERBARE GELDVERMEHRUNG

In einem Mindestreservesystem entscheidet die Zentralbank, welchen Anteil der Einlagen die Geschäftsbanken physisch halten müssen, falls es zu einem Run auf Bargeld kommt. Beträgt diese Mindestreserve z. B. zehn Prozent, können die Banken die übrigen 90 Prozent ihrer Einlagen verleihen. Wird jedes Darlehen bei einer anderen Bank eingezahlt, wird es dort als Einlage verbucht, was bedeutet, dass diese Bank erneut 90 Prozent des Wertes verleihen kann – und so weiter. Auf diese Weise schaffen Banken Geld und erhöhen das Angebot für Kreditnehmer.

STEUERUNG DER GELDMENGE

Geldpolitik bezieht sich auf den Maßnahmenkatalog, der zur Kontrolle der Geldmenge in einer Volkswirtschaft angewendet wird. In der Regel erfolgt dies durch die Zentralbank – im Gegensatz zur von der Regierung festgelegten Fiskalpolitik (siehe S. 44). Dazu gehört meist die Festlegung eines Leitzinses, den sie Geschäftsbanken für die Aufnahme von Geld in Rechnung stellt. Dieser Zinssatz beeinflusst, wie viel die Geschäftsbanken den Verbrauchern für ihre Dienstleistungen in Rechnung stellen, und wirkt sich somit auf die gesamte Wirtschaft aus. Ist der Leitzins höher, schrumpft die Geldmenge insgesamt und Kreditaufnahmen sowie Ausgaben gehen zurück. Eine expansive Geldpolitik würde mit einem niedrigeren Leitzins die Ausgaben und die Kreditaufnahme ankurbeln.

INFLATIONSSTEUERUNG

Die Zentralbanken können aufgefordert werden, die Inflation unter einem bestimmten Niveau zu halten (siehe S. 60). Dazu erhöhen sie den Leitzins, was die Ausgaben in der Wirtschaft senkt. Andererseits können die Banken den Leitzins senken, um die Kreditvergabe anzukurbeln, wenn die Ausgaben nicht ausreichen.

GELD DRUCKEN

Die Zentralbanken können versuchen, die Wirtschaftstätigkeit anzukurbeln, indem sie neues Geld drucken, damit mehr für Anschaffungen zur Verfügung steht. Wenn jedoch das Angebot an Produkten und Dienstleistungen unzureichend ist, kann zu viel Geld im Umlauf zu einer schnellen Inflation führen.

QUANTITATIVE LOCKERUNG

Die Zentralbank kann Staatsanleihen kaufen oder verkaufen (siehe S. 61). Kauft sie Staatsanleihen, wird Geld in Umlauf gebracht und die Zinssätze für Kreditaufnahmen verringern sich. Verkauft sie Staatsanleihen, reduziert sie damit die im Umlauf befindliche Geldmenge.

STEUERUNG DER KREDITVERGABE

Die Zentralbanken können die Kreditvergabe durch die nationalen Banken einschränken oder erleichtern und so die Geldmenge erhöhen oder verringern, indem sie die Mindestreserve, die die Banken per Gesetz als physische Bargeldreserve vorhalten müssen, senken oder erhöhen (siehe S. 57).

ZENTRALBANK

KREDITGEBER LETZTER INSTANZ

Die Zentralbank unterstützt Geschäftsbanken, die in Schwierigkeiten geraten, weil Kunden ihre Kredite nicht mehr bedienen können oder weil es einen Run aufs Bargeld gibt (also weil zu viele Menschen auf einmal ihre Ersparnisse abheben).

STREBEN NACH PREISSTABILITÄT

Inflationssteuerung bedeutet, dass die Zentralbanken versuchen, die Inflation mithilfe ihrer Geldpolitik (siehe S. 58–59) in einem gewünschten Bereich zu halten, meistens sind das zwei Prozent. Sie tun dies in der Regel, indem sie die Zinssätze anpassen. Ziel ist es, die destabilisierenden Auswirkungen einer hohen Inflation zu vermeiden. Ab etwa 1990 vertraten Ökonomen die Ansicht, dass die Wahrung der Preisstabilität der Schlüssel zum Wirtschaftswachstum sei. Nach der Rezession von 2008 wurde jedoch argumentiert, dass das Inflationsziel einigen wichtigeren Zielen, wie z.B. der Steuerung der Wechselkurse, der Arbeitslosigkeit oder des gesamtwirtschaftlichen Einkommens, im Weg stehe.

> »Ausreichend große Geldspritzen werden letztlich immer eine Deflation umkehren …«
>
> Ben Bernanke

DRASTISCHE MASSNAHMEN

Während einer Wirtschaftskrise wie der Rezession von 2008 bewirken traditionelle geldpolitische Methoden (siehe S. 58–59) zur Verknappung oder auch Lockerung der Geldmenge manchmal nur wenig. In solchen Ausnahmesituationen, wenn drastische Maßnahmen erforderlich sind, können die Zentralbanken auf andere, »unkonventionelle« Methoden setzen, um die Wirtschaft anzukurbeln, darunter die quantitative Lockerung, das Helikoptergeld oder negative Zinssätze.

WIRTSCHAFTS-WACHSTUM

Quantitative Lockerung
Damit steuern Zentralbanken die im Umlauf befindliche Geldmenge. Die Zentralbank kauft Staatsanleihen und treibt so deren Kurse in die Höhe. Dadurch wiederum sinken die Zinssätze (siehe S. 144–145), sodass sich die Menschen leichter Geld leihen und ausgeben können.

Helikoptergeld
Eine extremere Alternative zur quantitativen Lockerung ist Helikoptergeld: Große Geldmengen werden direkt an die Öffentlichkeit verteilt (z. B. in Form von Hilfszahlungen) – wie bei einem Abwurf von Hilfsgütern aus einem Hubschrauber.

Negative Zinssätze
Durch die Erhebung von Zinsen auf Geldeinlagen bei Geschäftsbanken (negativer Zinssatz) wirkt eine Zentralbank so auf die Banken ein, dass sie ihre Barreserven ausgeben und verleihen, weil sie effektiv Geld verlieren, wenn sie die Reserven halten.

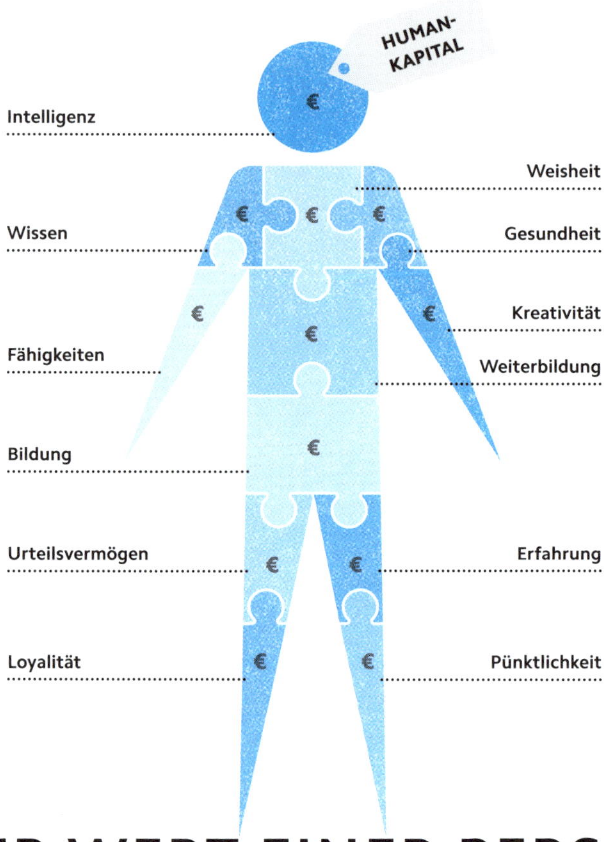

DER WERT EINER PERSON

Humankapital ist der wirtschaftliche Wert des Wissens, der Fähigkeiten und der Erfahrung einer Arbeitskraft. Unternehmen können ihr Humankapital erhöhen, indem sie in die Weiterbildung ihrer Beschäftigten investieren. Länder können das Gleiche tun, indem sie die Bildungschancen verbessern. Investitionen erfolgen in der Hoffnung auf zukünftigen wirtschaftlichen Nutzen durch eine höhere Produktivität oder eine stärkere Mitarbeiterbindung. Ein besseres Humankapital kann zu höheren Gewinnen für Unternehmen und zu mehr Wachstum für die Länder führen, doch der Wert kann sich auch verringern, wenn z. B. qualifizierte Arbeitskräfte abwandern.

LANGSAME ANPASSUNG

Wenn die Nachfrage nach Waren und Arbeitskräften steigt, steigen in der Regel auch die Löhne. Sinkt die Nachfrage, könnte man erwarten, dass auch die Löhne sinken, aber sie neigen dazu, starr auf ihrem Niveau zu verharren. Lohnsenkungen sind unpopulär und werden von Arbeitnehmern und Gewerkschaften abgelehnt. Daher entlassen Arbeitgeber während einer Rezession eher ihre Mitarbeiter, anstatt ihnen weniger zu zahlen, und dies führt zu einem stärkeren Anstieg der Arbeitslosigkeit, als es notwendig wäre. Starre Löhne sind zum Teil der Grund, warum Arbeitslosigkeit lange andauert und warum sie nicht einfach durch Lohnsenkungen abgebaut werden kann.

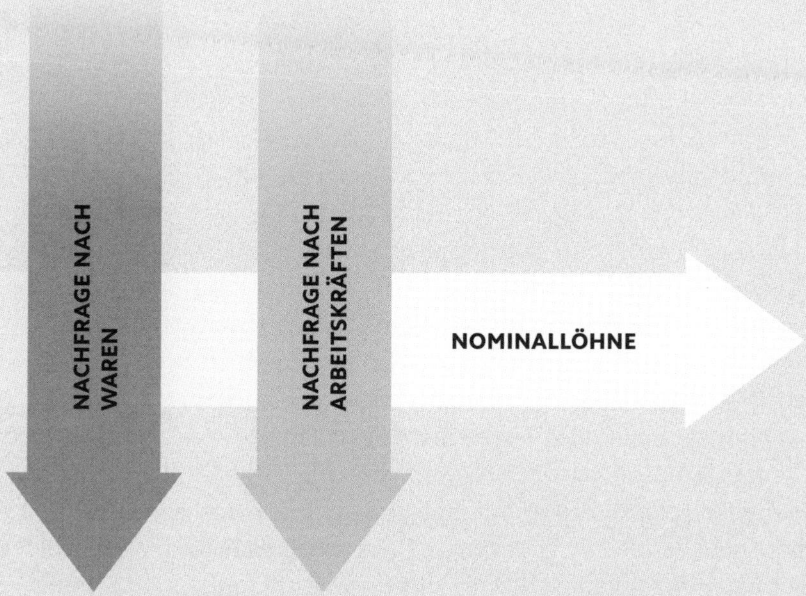

ARBEITSFÄHIG / ARBEITSLOS

Arbeitslosigkeit heißt, dass Menschen, die arbeitswillig und arbeitsfähig sind, keine Arbeit finden. Die Arbeitslosenquote ist die Zahl der Arbeitslosen geteilt durch die Gesamtzahl der Erwerbspersonen. Sie zeigt, wie gesund eine Volkswirtschaft ist: Höhere Quoten führen zu einer geringeren Wirtschaftsleistung. Für Arbeitslosigkeit gibt es drei hauptsächliche Gründe: 1. Konjunkturell: Personal wird entlassen, weil die Nachfrage während einer Rezession sinkt. 2. Strukturell: Sie wird durch Leistungsschwächen wie einen Mangel an qualifizierten Arbeitskräften verursacht. 3. Friktionell: Dies ist der Zeitraum zwischen zwei Arbeitsplätzen. In allen Volkswirtschaften gibt es eine Sockelarbeitslosigkeit, die nur schwer zu unterschreiten ist, da Arbeitgeber ohne friktionelle Arbeitslosigkeit freie Stellen nicht effizient besetzen können.

FLEXIBLE ARBEITSKRÄFTE

Unter »Gig Economy« versteht man einen Arbeitsmarkt mit einem hohen Anteil an kurzfristigen Verträgen und freiberuflichen Arbeitskräften, die nur für die von ihnen geleisteten Tätigkeiten bezahlt werden. Bei Kurier- und Taxidiensten sowie in der Gastronomie gibt es eine hohe Anzahl an Gig-Arbeitern. Die Gig Economy bietet Unternehmen Flexibilität, denn sie können ihre Belegschaft leichter und günstiger anpassen. Auch die Arbeitskräfte sind flexibler, da sie selbst entscheiden, wann und wo sie arbeiten. Andererseits müssen Gig-Arbeiter bisher meist auf die gesetzlichen Leistungen für Angestellte wie Renten verzichten und haben keinen sicheren Arbeitsplatz.

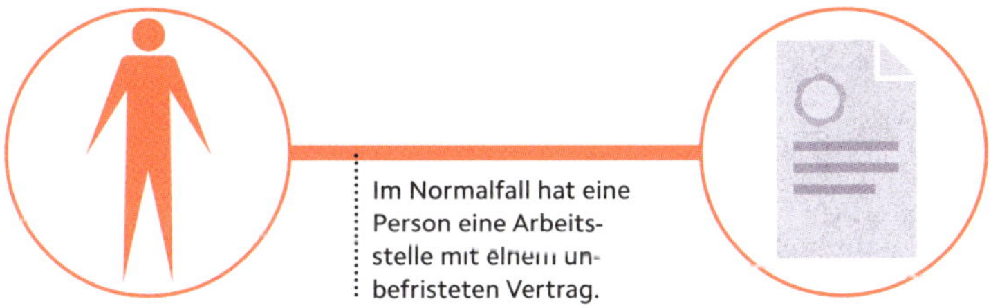

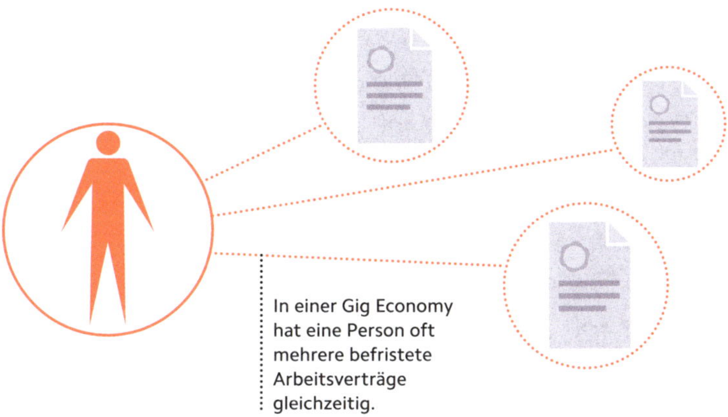

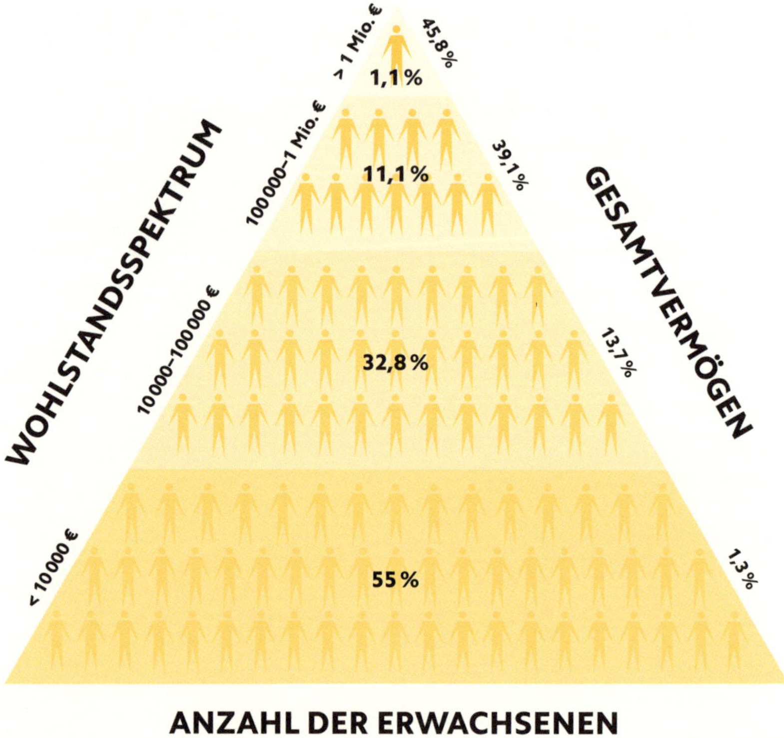

DAS LEBEN IST NICHT FAIR

Wirtschaftliche Ungleichheit besteht in der ungleichen Verteilung von Ressourcen. Es gibt Einkommensungleichheit und Vermögensungleichheit. Einkommensungleichheit kann auftreten, wenn eine Person in einem Niedriglohnsektor arbeitet oder einer diskriminierten Gruppe angehört (z. B. Frauen). Vermögensungleichheit entsteht, wenn nur einige Menschen Vermögenswerte wie z. B. Immobilien besitzen, andere aber nicht. Regierungen können versuchen, die Ungleichheit durch Steuern oder Investitionen zu bekämpfen, die vor allem ärmeren Gruppen helfen, deren wirtschaftliche Aussichten oft durch mangelnden Zugang zu Dienstleistungen wie Bildung eingeschränkt sind.

UNGLEICHHEIT MESSEN

Der Gini-Index misst, wie gleichmäßig das Einkommen in einem Land verteilt ist, und ist daher eine Methode zur Bewertung von Ungleichheit. Hat ein Land einen Gini-Koeffizienten von null, verdienen alle genau gleich viel. Bei einem Wert von eins wird dagegen das gesamte Einkommen von einer einzigen Person verdient. Der durchschnittliche Gini-Koeffizient ist in den letzten Jahrhunderten stetig gestiegen, was auf eine Zunahme der globalen Ungleichheit hindeutet. Die höchsten Gini-Koeffizienten findet man zwar in Ländern mit niedrigem Einkommen, aber einige wohlhabende Nationen, vor allem die USA, weisen ebenfalls eine hohe Einkommensungleichheit auf.

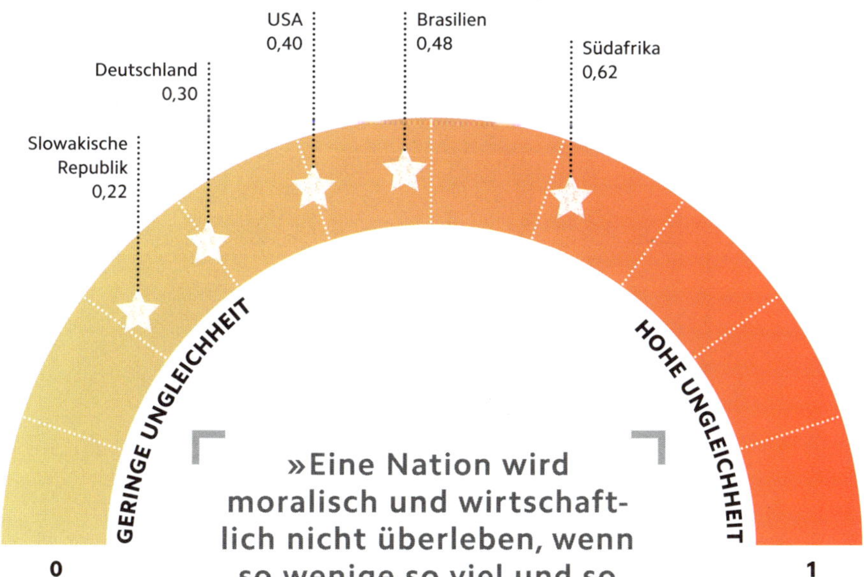

»Eine Nation wird moralisch und wirtschaftlich nicht überleben, wenn so wenige so viel und so viele so wenig haben.«

Bernie Sanders

AUSWAH
UND FOL

L

GEN

In der Wirtschaft steht die Auswahl im Vordergrund, da die Entscheidungen darüber, was produziert und konsumiert wird, den wirtschaftlichen Austausch bestimmen. Dies erfordert die Auswahl einer Option aus alternativen Möglichkeiten, und diese vielen individuellen Entscheidungen können sehr weitreichende Folgen haben. Ökonomen behaupten zwar, dass die Märkte meist gut dafür sorgen, dass die Entscheidungen der Menschen über ihren Konsum mit den Entscheidungen der Produzenten in Einklang gebracht werden, aber die Ergebnisse sind oft nicht ideal. Daher analysieren Ökonomen dieses Marktversagen und seine Gründe, z. B. wenn Menschen nur begrenzten Zugang zu Informationen haben oder wenn die Entscheidung des Marktes nicht die gewünschten sozialen Auswirkungen erbringt.

ZUCKERBROT UND PEITSCHE

Die meisten Wirtschaftstheorien gehen davon aus, dass Menschen bei ihren Entscheidungen in der Regel versuchen, ihre wirtschaftliche Situation zu verbessern. Menschen reagieren also auf finanzielle Anreize und Abschreckungen – Zuckerbrot und Peitsche. Diese können daher ein Instrument zur Veränderung des Wirtschaftsverhaltens sein. Eine Lohnerhöhung könnte die Menschen anspornen, härter zu arbeiten, und die Produzenten weiten oft ihr Angebot aus, wenn sie ihr Produkt zu einem höheren Preis verkaufen können. Eine Steuererhöhung auf ein Produkt wie Alkohol oder Plastiktüten könnte von dessen Verwendung abhalten. Eine Subvention hingegen kann die Menschen ermutigen, ihre Häuser besser zu dämmen.

NICHT MAXIMIERTER NUTZEN

MAXIMIERTER NUTZEN

MEHR FÜRS GELD

Ökonomen gehen bei ihren Modellen für Konsumentscheidungen in der Regel davon aus, dass Menschen den größten Nutzen (Wert oder Zufriedenheit) aus den ihnen zur Verfügung stehenden Waren und Dienstleistungen ziehen möchten. Niemand kann alles haben, denn alle Verbraucher sind Einschränkungen unterworfen, z.B. hinsichtlich Geld oder Zeit. Daher wählen sie die optimale Kombination aus Waren und Dienstleistungen, die ihren Nutzen maximiert. Wenn sich die Preise ändern, die Situation eines Verbrauchers aber nicht, dann muss er umdenken und eine neue, möglichst gute Lösung finden. Unter der Annahme dieser »Nutzenmaximierung« sind Ökonomen in der Lage, komplexe Marktmodelle zu entwickeln.

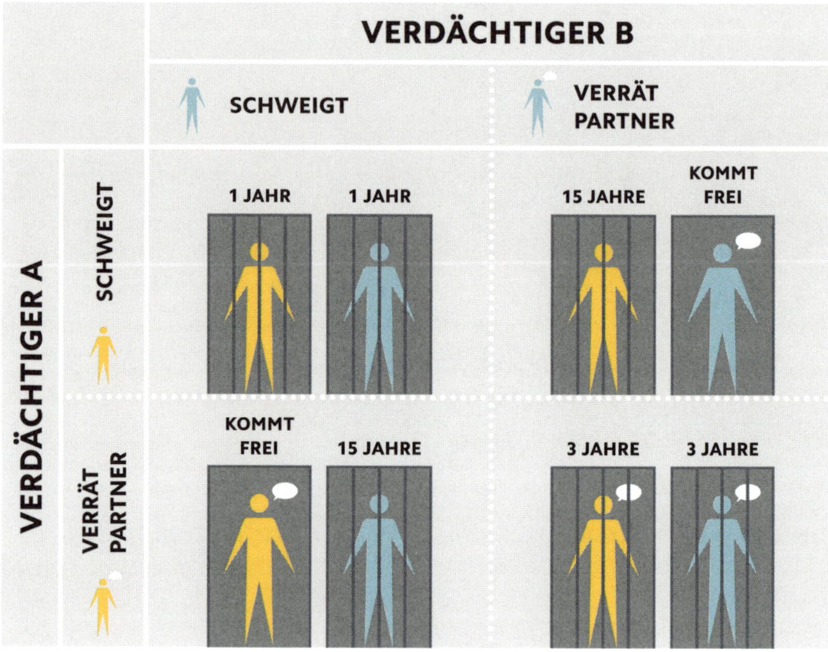

KOOPERATION – JA ODER NEIN?

Das »Gefangenendilemma« ist ein Modell aus der Spieltheorie, bei dem das bestmögliche Ergebnis für jede Einzelperson nicht das beste kollektive Ergebnis ist. Zwei Verdächtigen wird jeweils ein Deal angeboten: »Gestehe und belaste deinen Partner, und du kommst frei – sofern dein Partner schweigt. Wenn du jedoch schweigst und dein Partner aussagt, wirst du zu einer sehr langen Strafe verurteilt.« Das beste kollektive Ergebnis kommt zustande, wenn beide Personen schweigen, wobei sie jedoch jeweils für sich den maximalen Schaden riskieren. Das heißt, es wäre für beide besser auszusagen. So erzielen sie zwar das schlechteste kollektive Ergebnis, aber nicht das schlechteste für jede Einzelperson.

BEIDSEITIGES INTERESSE

Die »Hirschjagd« ist ein Modell aus der Spieltheorie, bei dem die Zusammenarbeit zum besten kollektiven Ergebnis führt. Zwei Jäger gehen auf Nahrungssuche. Wenn sie allein handeln, können sie jeweils nur ein Kaninchen fangen. Wenn sie jedoch zusammenarbeiten, können sie eventuell eine weitaus größere Beute, nämlich einen Hirsch, erlegen, opfern dafür aber die Chance auf ein Kaninchen. Die Jäger sollten zusammenarbeiten, weil das beste Ergebnis für jeden Einzelnen auch das beste kollektive Ergebnis ist. Allerdings sind beide aufeinander angewiesen und riskieren leer auszugehen. Die individuelle Entscheidung hängt davon ab, wie stark das Vertrauen in den anderen ist.

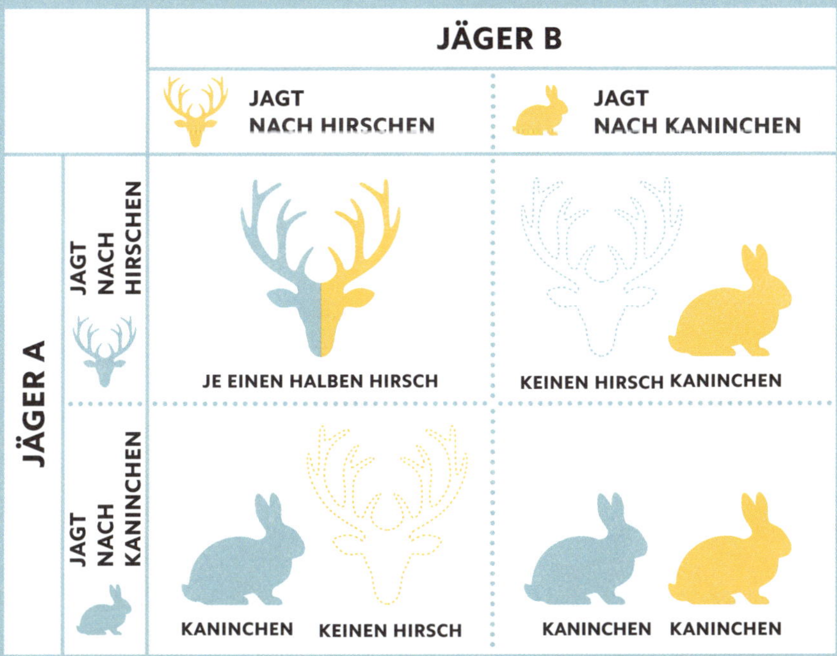

ÜBERNUTZUNG

Die »Tragik der Allmende« beschreibt die Tendenz zur Übernutzung von gemeinschaftlichen Gütern, die niemandem gehören. Auf einem Gemeinschaftsbesitz ohne Beschränkungen oder Kosten hat z. B. jeder Landwirt den Anreiz, möglichst viele Schafe weiden zu lassen. Tun dies zu viele Landwirte, ist das Land bald für alle ausgelaugt. Stattdessen sollten die Landwirte kooperieren und das Land nachhaltig nutzen. Elinor Ostrom fand unter anderem durch eine Studie bei den Maasai in Afrika heraus, wie es gelingen kann, gemeinschaftlich eine Vereinbarung über die Nutzung der Ressource zu treffen und damit die schlechten Folgen zu vermeiden. Sie nennt es »polyzentrische Governance« oder »Gemeingütermanagement«.

GERINGE NACHFRAGE

Ein paar Schafe können nachhaltig grasen, ohne Schaden zu verursachen. Ein zusätzliches Schaf wirkt sich kaum aus.

HOHE NACHFRAGE

Wenn zu viele Schafe das Land beweiden, wird es ausgebeutet. Keines der Schafe findet genug Futter.

DER VORRAT ERSCHÖPFT SICH

Es kommt ein Zeitpunkt, an dem zu viele Schafe das Land nutzen und die Weide für alle zerstört wird.

ÜBERMÄSSIGE KONTROLLE

Wenn Ressourcen unter zu vielen Eigentümern aufgeteilt werden, kann dies zu wirtschaftlicher Inaktivität führen. Hier wurde Weideland in zu kleine, nutzlose Parzellen aufgeteilt.

UNTERNUTZUNG

Wird eine Ressource von mehreren Eigentümern kontrolliert, die alle das Recht haben, die anderen von der Nutzung auszuschließen, sie aber selbst auch nicht unabhängig nutzen können, kommt oft keine Einigung zustande. Diese »Tragik der Anti-Allmende« kann zu einer Unternutzung führen. Häufige Beispiele für derartige Ressourcen sind Land oder geistiges Eigentum. Hier kommt es vor, dass die Einigung über ihre Nutzung lange dauert oder auch ganz verhindert wird. So kann sich z. B. die Entwicklung einer öffentlichen Infrastruktur verzögern, wenn Grundstücke vieler Besitzer aufgekauft werden müssen, oder eine Fernsehsendung muss ohne die Originaltonspur ausgestrahlt werden, weil zu viele Rechtevereinbarungen geschlossen werden müssten.

UNGLEICHES WISSEN

Man spricht von »asymmetrischen Informationen«, wenn eine Partei beim Abschluss eines Geschäfts mehr weiß als die andere. In solchen Situationen herrscht kein vollkommener Wettbewerb und die Preise spiegeln nicht den wahren Wert des Produkts oder der Dienstleistung wider. Entweder ist der Verkäufer oder der Käufer im Vorteil. So weiß z.B. jemand, der sein Haus verkauft, mehr darüber als ein potenzieller Käufer, und ein Antiquitätenhändler, der auf einem Flohmarkt stöbert, weiß vielleicht mehr über einen Gegenstand als der Verkäufer. Auf Märkten, die durch Asymmetrie gekennzeichnet sind, versuchen die Parteien das Problem zu minimieren, etwa durch Garantien.

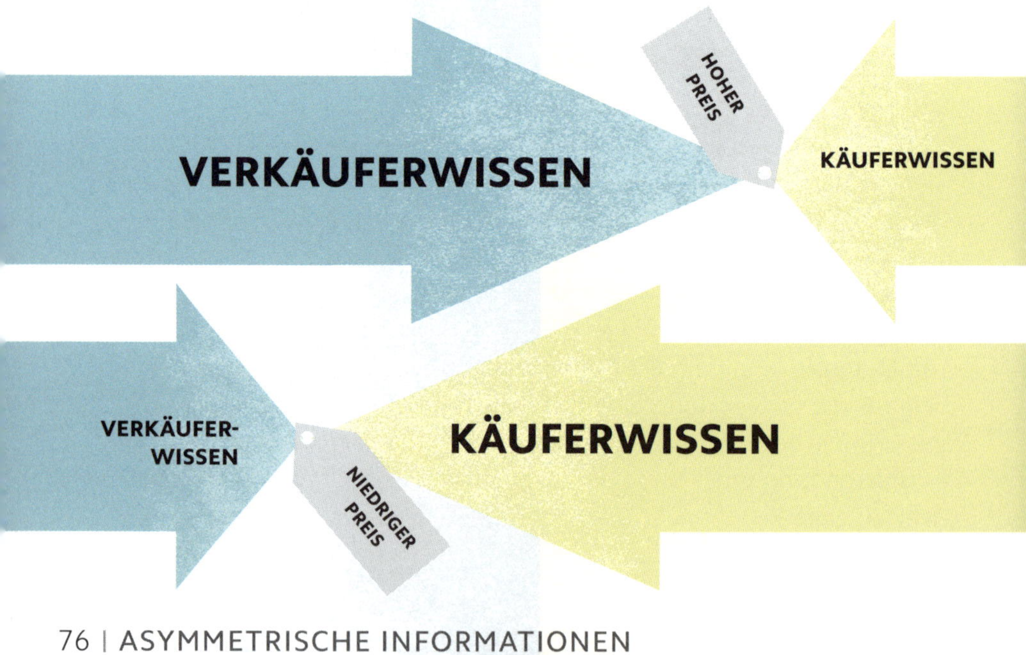

»Pfirsiche« verschwinden
Käufer riskieren keine hohen Preise für Autos unbekannter Qualität, und Verkäufer verkaufen keine guten Autos zu niedrigen Preisen: Es kommt kein Handel zustande.

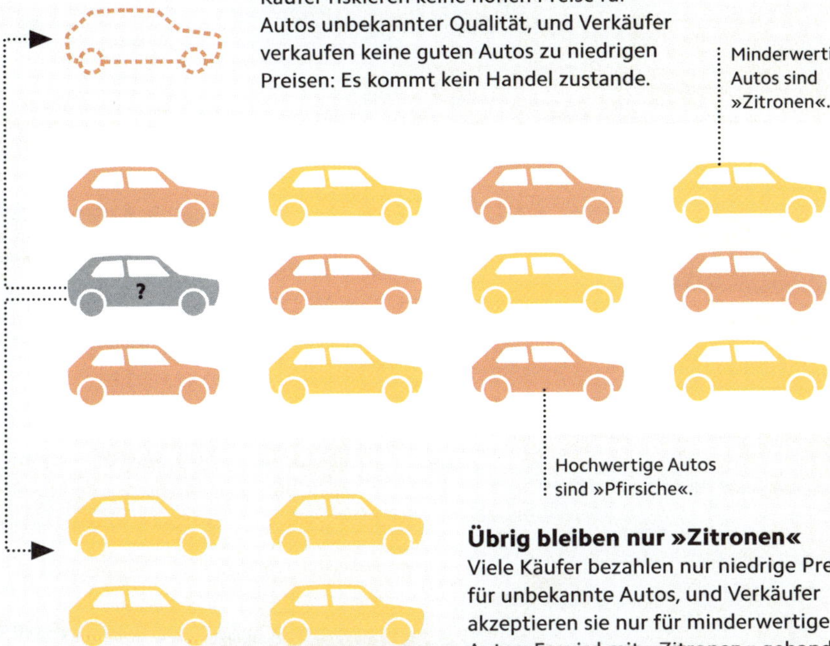

Übrig bleiben nur »Zitronen«
Viele Käufer bezahlen nur niedrige Preise für unbekannte Autos, und Verkäufer akzeptieren sie nur für minderwertige Autos: Es wird mit »Zitronen« gehandelt.

FOLGEN DER ASYMMETRIE

Auf einem »Zitronenmarkt« ist die Informationsasymmetrie (siehe links) so gravierend, dass er völlig versagt. Der Begriff wurde 1970 von George Akerlof in einer Studie über Gebrauchtwagen geprägt. Auf diesem Markt wissen die Verkäufer viel mehr über den Zustand der Fahrzeuge als die Käufer. Wenn sie nicht nachweisen können, dass ein Auto qualitativ hochwertig ist, wollen Käufer nicht den Preis bezahlen, den es eigentlich wert ist. Der Markt für die besten Autos trocknet aus und nur preisgünstige, qualitativ minderwertige Autos werden gehandelt. Um dies zu verhindern, können Verkäufer Garantien oder Gewährleistungen anbieten oder sich als vertrauenswürdige Marke etablieren.

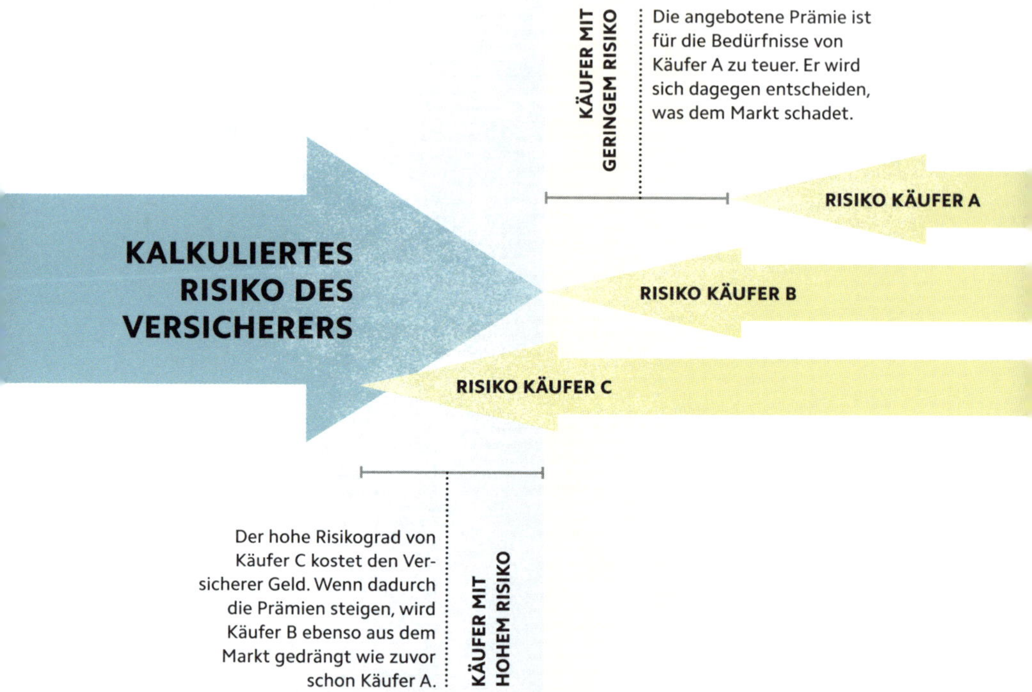

RISIKO UND INFORMATION

Eine Informationsasymmetrie (siehe S. 76) kann zu einer Negativauslese führen, wenn die Gefahr besteht, dass eine Partei bei einem Geschäft die Tatsache ausnutzt, dass sie mehr weiß als die andere. Besondere Auswirkungen hat eine solche »adverse Selektion« auf dem Versicherungsmarkt. Hat ein Anbieter kaum Anhaltspunkte zur Einschätzung des Risikograds eines potenziellen Käufers, nimmt er vielleicht nur aufgrund der Tatsache, dass dieser eine Versicherung wünscht, ein hohes Risiko an und verlangt eine hohe Versicherungsprämie. Um die Negativauslese zu verhindern, könnte der Verkäufer den Käufer überprüfen, damit er das Risiko besser beurteilen kann.

INFORMATION UND RISIKO

Asymmetrische Information (siehe S. 76) ist auch der Grund für das sogenannte moralische Wagnis. Es bedeutet, dass eine Vertragspartei einem größeren Risiko ausgesetzt ist, da die andere Partei nach Vertragsabschluss vielleicht ihr Verhalten ändert. Nach dem Abschluss einer Hausratversicherung könnte z.B. ein Versicherungsnehmer die Sicherheit seines Hauses vernachlässigen, weil die Versicherung jetzt das Risiko trägt. Im Unterschied zur Negativauslese (siehe links) tritt hier die Asymmetrie erst nach Abschluss des Vertrags auf.

RENDITE DER BESTEN NICHT GEWÄHLTEN OPTION (OPTION A) – RENDITE DER GEWÄHLTEN OPTION (OPTION B) = OPPORTUNITÄTSKOSTEN

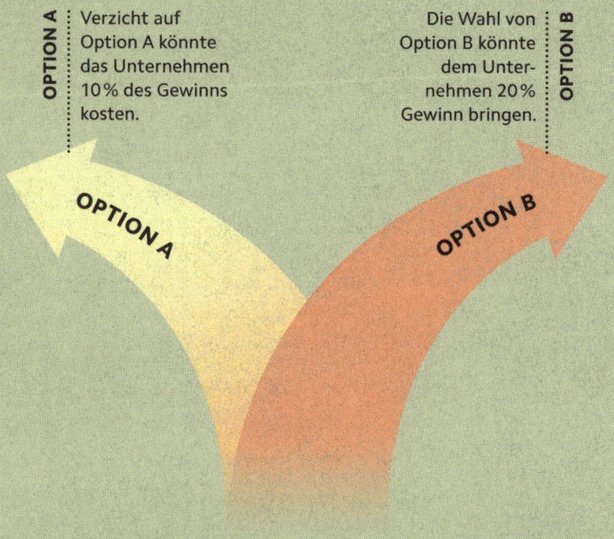

DER NICHT GEWÄHLTE WEG

Das wirtschaftliche Konzept der »Opportunitätskosten« resultiert daraus, dass Ressourcen – einschließlich der Zeit, die Menschen haben – begrenzt sind. Sie beschreiben, dass die Kosten jeder Handlungsweise (unabhängig davon, ob jemand Geld dafür bezahlt oder nicht) auch all die Dinge einschließen, die deshalb unterlassen werden. Wenn eine Person lieber mit einer Freikarte ins Kino geht, anstatt zu arbeiten, dann zählen zu den Kosten für den Kinobesuch auch die Kosten der Arbeit, die nicht geleistet wurde. Opportunitätskosten sollten daher in jede Kosten-Nutzen-Analyse einbezogen werden – also in den Entscheidungsprozess, bei dem die Kosten einer Entscheidung gegen ihren Nutzen abgewogen werden.

KANN SPAREN SCHLECHT SEIN?

Ausgaben zu reduzieren, um Geld zu sparen, gilt im Allgemeinen als klug und mag in einer Rezession – wenn die Volkswirtschaft schrumpft – besonders vernünftig erscheinen. Je mehr Haushalte dies jedoch tun, desto mehr kann dies die Rezession verstärken. Sparen die Verbraucher, sinkt die Nachfrage nach Waren und Dienstleistungen, und die Einnahmen der Anbieter gehen ebenfalls zurück. Sie haben dann weniger Geld, um in die Produktion zu investieren oder auch Mitarbeiter zu beschäftigen. Das Ergebnis ist eine noch geringere Nachfrage und eine wirtschaftliche Situation, die für alle schlechter ist.

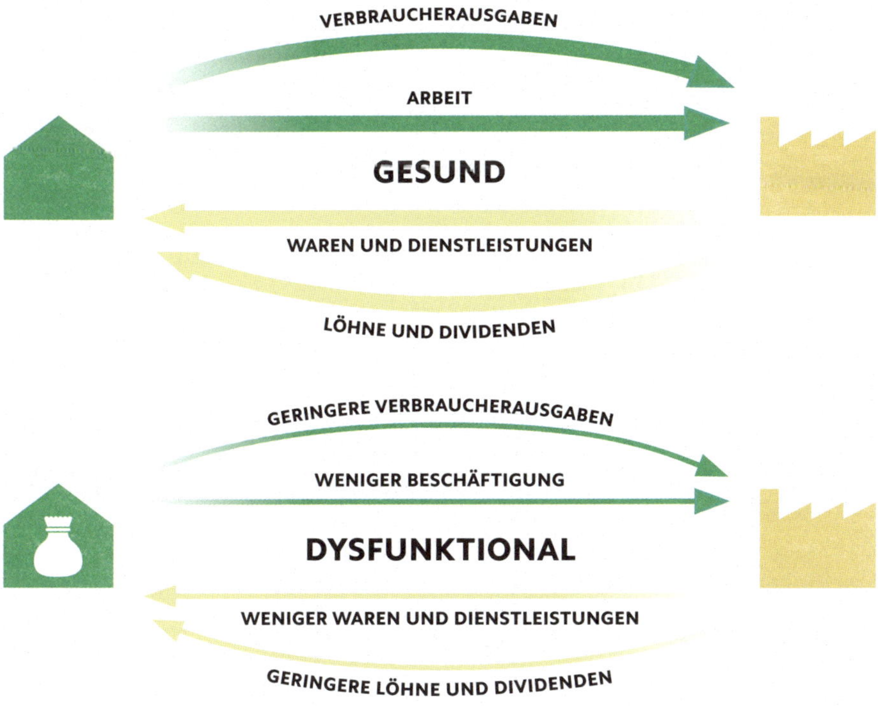

EINKOMMEN STEUERT VERHALTEN

Anhand des Einkommenseffekts und des Substitutionseffekts lässt sich erklären, wie sich das Verbraucherverhalten in Reaktion auf Veränderungen am Markt verändert. Der Einkommenseffekt konzentriert sich auf Konsumänderungen als Folge von Preisänderungen. Wenn die Preise sinken und das Einkommen eines Verbrauchers gleich bleibt, steigt seine Kaufkraft und er kann mehr Einheiten kaufen. Daher steigt die Nachfrage. Umgekehrt sinkt die Nachfrage, wenn die Preise steigen. Der Substitutionseffekt wirkt dagegen so: Wenn der Preis eines Produkts steigt, das Einkommen aber nicht, suchen Verbraucher eventuell nach einer billigeren Alternative. Entsprechend könnte sogar eine geringfügige Preissenkung einer teureren Marke die Verbraucher dazu bewegen, diese auszuprobieren.

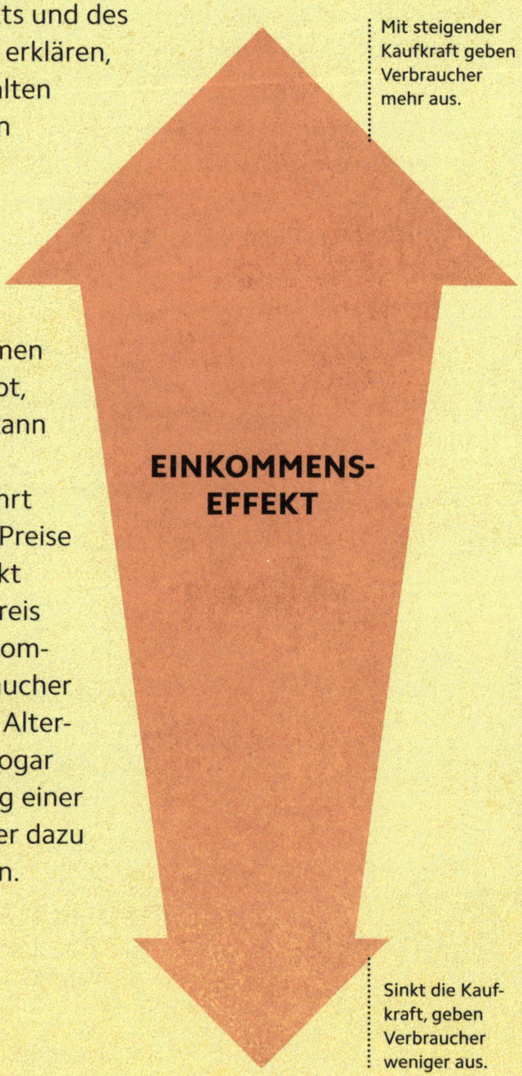

Der Einkommenseffekt
Hier wird untersucht, wie sich Veränderungen in der Kaufkraft auf die Kaufmuster der Verbraucher auswirken.

Wenn die Preise sinken, kaufen Verbraucher möglicherweise nicht nur mehr, sondern wechseln vielleicht auch zu teureren Artikeln.

Wenn die Preise steigen, kaufen Verbraucher möglicherweise nicht nur weniger, sondern wechseln auch zu günstigeren Artikeln.

Der Substitutionseffekt
Hier wird untersucht, wie Preisänderungen Verbraucher dazu bewegen, zu alternativen Produkten und Marken zu wechseln.

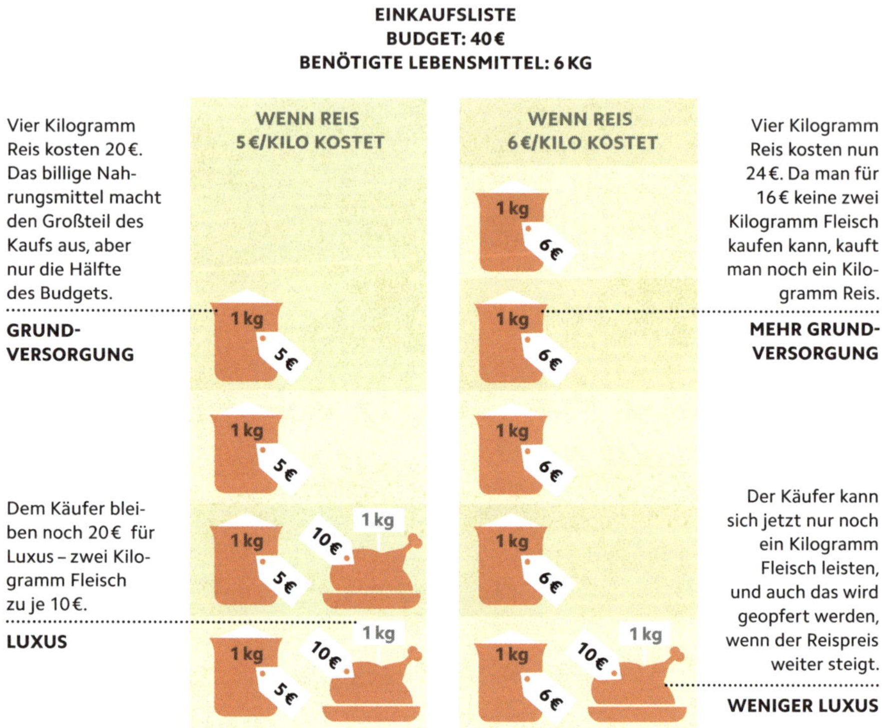

STEIGENDE PREISE KURBELN NACHFRAGE AN

Wenn der Preis für ein Produkt steigt, sinkt meist die Nachfrage, weil die Menschen weniger kaufen oder auf eine billigere Alternative ausweichen. Bei Giffen-Gütern ist das Gegenteil der Fall – steigt ihr Preis, kann auch die Nachfrage steigen. Giffen-Güter sind in der Regel preiswerte Güter des täglichen Bedarfs, für die es kaum Ersatz gibt. Steigen ihre Preise, hat der Verbraucher weniger Geld für Luxus. Um seine Grundversorgung zu decken, kauft er mehr vom Giffen-Gut, denn selbst wenn es teurer geworden ist, ist es immer noch die billigste Option.

ENTSCHEIDUNGEN HABEN KONSEQUENZEN

Positive Nebenwirkungen
Der Bau einer neuen Fabrik schafft Arbeitsplätze in der Gemeinde und unterstützt andere lokale Unternehmen.

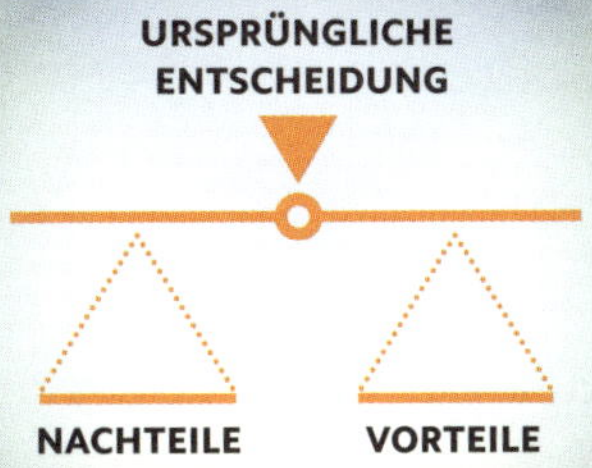

Negative Nebenwirkungen
Die neue Fabrik könnte bestehende Arbeitgeber verdrängen, sodass sie schließen müssen. Sie kann auch die Umwelt verschmutzen.

Ein externer Effekt ergibt sich, wenn durch Produktion oder Verbrauch Kosten oder Nutzen für unbeteiligte Dritte entstehen. Betroffene können Einzelpersonen, Organisationen oder die Gesellschaft als Ganzes sein. Externe Effekte sind manchmal positiv: So wird etwa durch Forschung und Entwicklung das gesellschaftliche Wissen gefördert. Ein negativer externer Effekt ist dagegen die Umweltverschmutzung. Ihre Auswirkungen lassen sich verringern, indem man die Betroffenen entschädigt, die Verantwortlichen besteuert/reglementiert oder letztendlich die Aktivität ganz verbietet.

WER SCHULD IST, ZAHLT

Die Kosten von Umweltschäden wie Luftverschmutzung werden oft nicht vom Verursacher getragen, sondern von der Gesellschaft. Liegt ein solcher negativer externer Effekt vor (siehe S. 85), berücksichtigt der Preis eines Gutes nicht die sozialen Kosten seiner Herstellung: Der Marktmechanismus versagt. Hier kann der Staat mit »Pigou-Steuern« korrigierend eingreifen und den Verantwortlichen zur Kasse bitten. Arthur Pigou hat sie um 1920 vorgeschlagen, um die externen Kosten auf den Erzeuger und letztlich auf den Markt umzuverteilen, damit die Verbraucher erfahren, wie hoch die wahren Kosten sind.

Staatliche Intervention
Zum Schutz der Umwelt kann der Staat Umweltverschmutzer mit hohen Steuern belasten und diejenigen, die ihr Verhalten ändern, subventionieren.

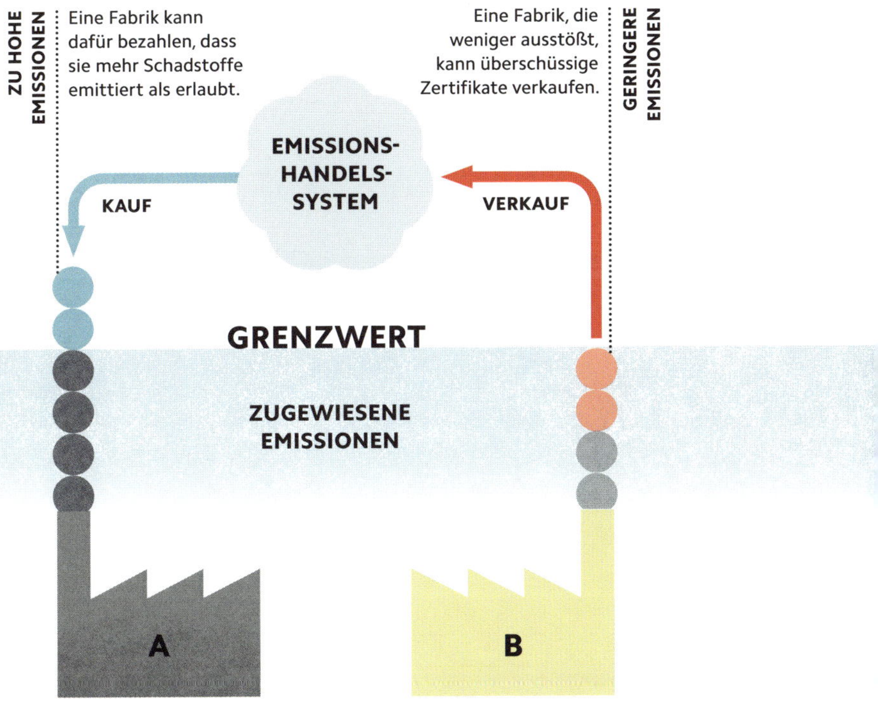

EMISSIONSHANDEL

Viele Industrieprozesse setzen Treibhausgase wie Kohlendioxid frei, die zur globalen Erderwärmung beitragen. Emissionshandelssysteme zielen darauf ab, dieses Problem durch finanzielle Anreize für Verhaltensänderungen zu lösen. Sie übertragen die Last der Emissionsreduzierung auf die Verantwortlichen, sodass diejenigen, die die Umwelt am stärksten verschmutzen, auch am meisten bezahlen. Im Rahmen dieser Systeme legen die Regierungen einen Höchstwert für den Ausstoß der einzelnen Hersteller fest. Emittiert eine Fabrik mehr, muss sie für jede zusätzliche Verschmutzungseinheit Zertifikate kaufen. Eine Fabrik, die weniger ausstößt als erlaubt, kann ihre ungenutzten Zertifikate verkaufen.

DIE **ROL**
DER **MÄR**

L E

K T E

Märkte sind echte oder virtuelle Orte, an denen Käufer und Verkäufer Waren tauschen. Die Parteien dieser Transaktionen treffen Vereinbarungen auf der Grundlage der Nachfrage (wie viel gewünscht wird) und des Angebots (wie viel verfügbar ist). Durch das Steigen und Fallen der Preise pendeln sich Nachfrage und Angebot auf einem optimalen Niveau (Gleichgewicht) ein, bei dem die nachgefragte Menge der angebotenen Menge entspricht. Allerdings sind nicht alle Märkte gleich und die Ergebnisse hängen von vielen Faktoren ab, unter anderem von der Organisation des Marktes, der Zahl der konkurrierenden Unternehmen und der verwendeten Technik. Zudem sind Märkte nicht perfekt und können auch versagen. Ökonomen versuchen zu verstehen, was ein solches Versagen verursachen kann und was man dagegen tun könnte.

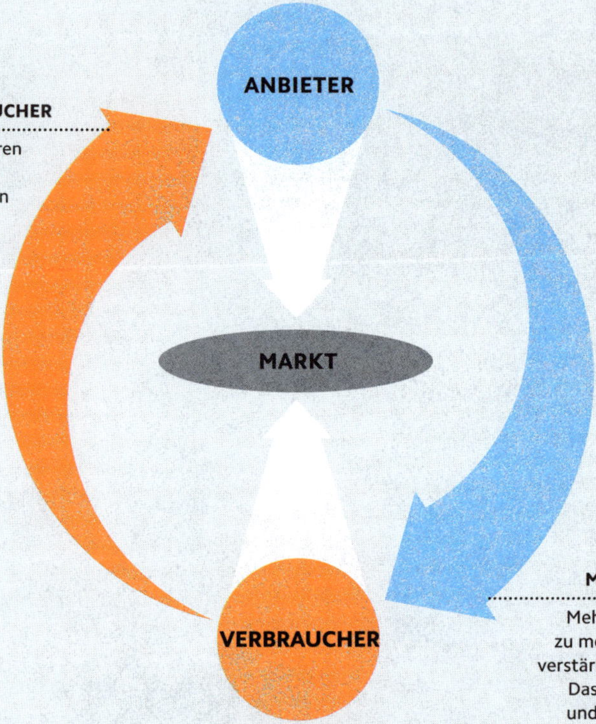

MEHR VERBRAUCHER

Mehr Käufer führen zu höheren Umsätzen und locken neue Anbieter in den Markt.

MEHR ANBIETER

Mehr Angebot führt zu mehr Auswahl und verstärkter Konkurrenz. Das senkt die Preise und zieht Käufer an.

VORTEILE FÜR BEIDE SEITEN

Ein zweiseitiger Plattformmarkt ist ein privater Marktplatz, der Anbieter und Verbraucher zusammenbringt und in der Regel eine Provision auf den Umsatz erhebt. Beispiele hierfür sind App-Stores für Mobiltelefone, Online-Fahrdienste und Hotelbuchungsportale. Diese Art von Markt erhöht den Wert für Verkäufer, je mehr Käufer hinzukommen, und umgekehrt. Durch die Vernetzung der einzelnen Gruppen untereinander können indirekte Netzwerkeffekte entstehen (siehe S. 115), wodurch der Wert der Plattform steigt. Um Wachstum zu erzielen, subventionieren Plattformen häufig eine Gruppe. Käufer zahlen dann z. B. keine oder weniger Provision als Verkäufer.

EFFIZIENT IST NICHT IMMER FAIR

Beim Paretooptimum wird beurteilt, ob sich die Verteilung von Ressourcen im Optimum befindet oder nicht. Die Idee wurde erstmals 1906 von Vilfredo Pareto vorgestellt. Eine Verteilung zwischen mindestens zwei Parteien ist paretoeffizient, wenn es nicht möglich ist, eine von ihnen besserzustellen, ohne gleichzeitig eine andere schlechterzustellen. Dabei geht es nicht darum, ob die Zuteilung gleich oder gerecht ist. Wenn eine Verteilung der Ressourcen nicht paretoeffizient ist, dann bedeutet dies, dass noch irgendwo eine ungenutzte Chance versteckt ist – z. B. bei einem Wohlfahrtsverlust (siehe S. 97).

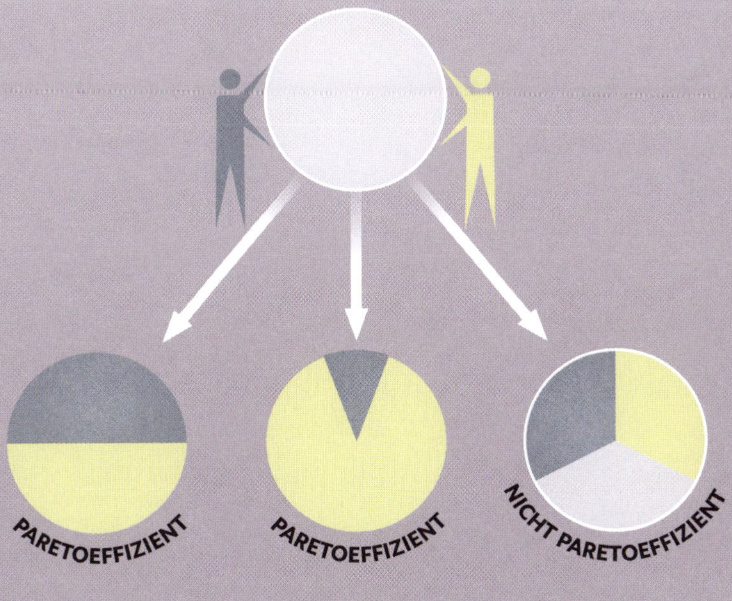

SPIEL AUF SIEG

Wettbewerb ist der Prozess, bei dem Unternehmen Umsätze erzielen und Gewinne steigern wollen. Ökonomen unterscheiden zwischen verschiedenen Arten – vom vollkommenen Wettbewerb bis hin zu Monopolen (siehe S. 96). Welche Art von Wettbewerb herrscht, ist von mehreren Faktoren abhängig, darunter die Kosten für den Markteintritt, der Grad der Produktdifferenzierung, Skaleneffekte (siehe S. 32–33), der Umfang der verfügbaren Informationen und das Verhalten der Unternehmen auf dem Markt. Auf einem Markt mit vollkommenem Wettbewerb erzielen Unternehmen keinen Gewinn, auf anderen »unvollkommenen« Märkten ist dies dagegen gut möglich.

Vollkommener Wettbewerb
Auf diesem Markt herrscht der größtmögliche Wettbewerb. Der Eintritt ist einfach, daher gibt es viele Anbieter, die Verbraucher können leicht Alternativen finden und alle haben die gleichen Informationen. Die Preise werden von Angebot und Nachfrage diktiert und liegen daher in der Nähe oder genau bei den Produktionskosten.

Monopolistischer Wettbewerb
Bei dieser Art von Markt gibt es wenige Anbieter, sodass sie die Preise innerhalb bestimmter Grenzen oberhalb der Produktionskosten festsetzen können. Grenzen deshalb, weil die Verbraucher immer noch Alternativen finden können, wenn die Preise zu hoch sind, sodass sich Unternehmen mit ihren Produkten voneinander abgrenzen müssen, um Gewinne zu erzielen.

Oligopol
Diese Art von Markt wird aufgrund der mit dem Markteintritt verbundenen Kosten von wenigen Anbietern beherrscht. Unternehmen können wählen, was sie produzieren, aber ihre Marktmacht birgt die Gefahr, dass sie sich absprechen, um die Preise auf einem hohen Niveau zu halten.

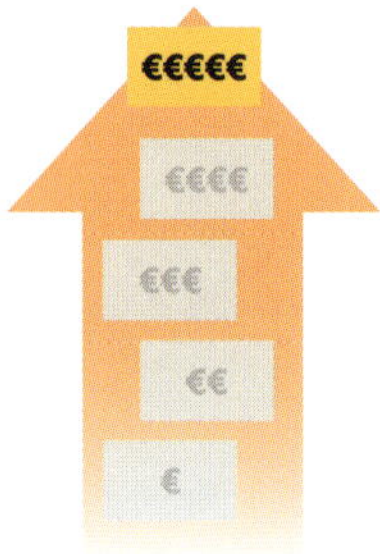

Aufsteigende Gebote
Bei englischen Auktionen scheiden die Bieter bei steigenden Geboten nach und nach aus, bis am Ende noch ein Käufer übrig ist.

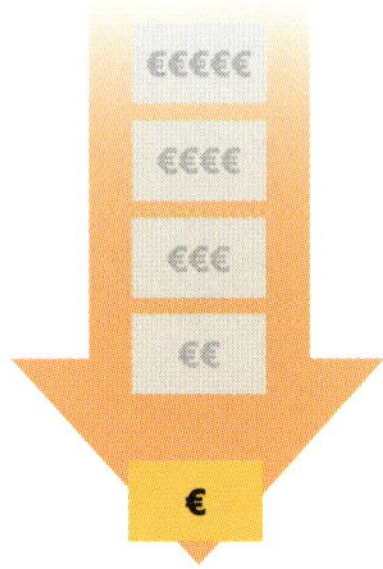

Absteigende Gebote
Bei niederländischen Auktionen beginnt man mit einem hohen Startpreis und verringert ihn so lange, bis ein Bieter zustimmt.

Erstpreisauktion
Die Gebote werden in versiegelten Umschlägen abgegeben. Nach dem Öffnen erhält das höchste Gebot den Zuschlag.

Zweitpreisauktion
Wie bei der Erstpreisauktion erhält der Höchstbietende den Zuschlag, zahlt aber nur den Preis des zweithöchsten Gebots.

WER BIETET MEHR?

Die Auktionstheorie beschreibt einen Mechanismus, bei dem Parteien für Waren oder Dienstleistungen bieten. Der Preis wird nicht vorher festgelegt, aber der Verkauf wird so gestaltet, dass die konkurrierenden Bieter (die ihre Limits geheim halten) einen möglichst hohen Preis zahlen. Ist der wahre Wert eines Gegenstands nicht bekannt, lassen sich Menschen oft dazu verleiten, sehr hoch zu bieten (der »Fluch des Gewinners«) – Zweitpreisauktionen sollen dies korrigieren.

ABSPRACHE UND KONTROLLE

Ein Kartell ist eine Gruppe unabhängiger Organisationen, die gemeinsam die Preise ihrer Produkte festlegen oder deren Angebot steuern. Durch die Absprache wird der Markt von einem Wettbewerbsmarkt zu einem Monopol (siehe S. 96). Auf solchen Märkten sind die Käufer tendenziell mit höheren Preisen, geringerer Qualität und eingeschränkter Auswahl konfrontiert. Daher sind Kartelle illegal, und die beteiligten Unternehmen riskieren eine Verfolgung durch die Wettbewerbsbehörden (siehe S. 98). Unternehmen, die ihre Kartellpartner anzeigen, können niedrigere Geldstrafen erwarten.

MARKTBEHERRSCHUNG

Als »Monopol« gilt traditionell ein einzelnes Unternehmen, das den gesamten Markt beliefert. Juristisch bedeutet der Begriff, dass ein Unternehmen den Markt beherrscht. Es hat die Macht, seine Gewinne zu maximieren, indem es weniger produziert (und so die Nachfrage hoch hält) und mehr verlangt, als es auf einem wettbewerbsorientierten Markt (siehe S. 92–93) möglich wäre. Dies ist ineffizient, da es den möglichen Gesamtnutzen für eine Volkswirtschaft schmälert (siehe S. 97). Monopole können durch rechtliche oder strukturelle Hindernisse gestützt werden, die eine Konkurrenz ausschließen oder untergraben. Ihre Auswirkungen sind meist negativ, vor allem für die Verbraucher, sie können aber auch positive Effekte haben.

+

ERMÖGLICHT PREISSTABILITÄT

KANN EFFIZIENZ STEIGERN / KOSTEN SENKEN

KANN UNTERNEHMEN HELFEN, IM GLOBALEN WETTBEWERB ZU BESTEHEN

ERMÖGLICHT BESSEREN ZUGANG ZU KAPITAL

ERBRINGT MEHR GEWINNE ZUR FINANZIERUNG VON FORSCHUNG UND ENTWICKLUNG

–

HOHE PREISE

GERINGERE AUSWAHL

RISIKO DER PREISDISKRIMINIERUNG

RISIKO DES »RÄUBERISCHEN« VERHALTENS GEGENÜBER WETTBEWERBERN ZUR AUFRECHTERHALTUNG DES MONOPOLS

MÖGLICHERWEISE SCHLECHTERE QUALITÄT

HINDERNIS FÜR INNOVATION

Reduzierte Leistung
Ein Monopol-Unternehmen könnte mehr Waren zu einem niedrigeren Preis verkaufen, es entscheidet sich jedoch dagegen.

Geringerer Nutzen
Einige Verbraucher nehmen am Monopolmarkt nicht teil, weil der Wert, den das Gut für sie hat, geringer ist als der dafür verlangte Preis.

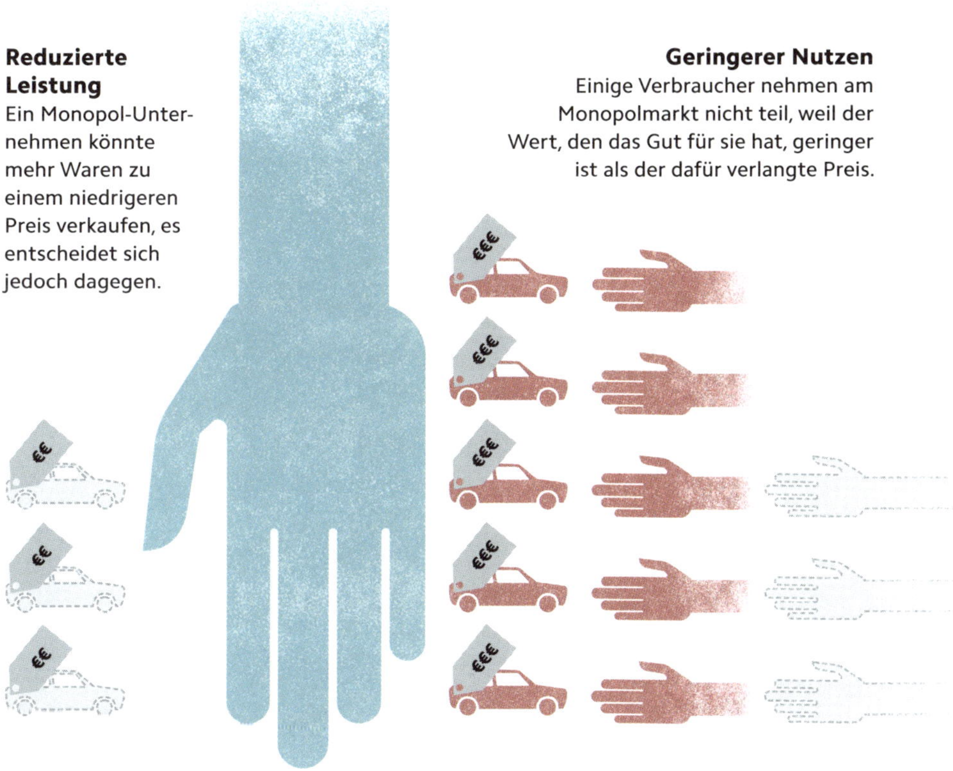

FEHLENDER WETTBEWERB

Ein Wohlfahrtsverlust ist eine Verringerung des gesamtwirtschaftlichen Nutzens, die entsteht, wenn Angebot und Nachfrage (siehe S. 25) nicht im Gleichgewicht sind, sodass Produkte über- oder unterbewertet werden. Er beziffert den Wert der Geschäfte, die z. B. aufgrund von Monopolen (siehe S. 96), Steuern, Subventionen, Mindestlöhnen und gesetzlich festgelegten Höchstpreisen nicht zustande kommen. Überteuerte oder zu billige Waren können dazu führen, dass weniger Artikel verkauft werden, sodass sowohl Anbieter als auch Verbraucher dabei verlieren.

UNLAUTERES VERHALTEN VERHINDERN

Das Kartellrecht umfasst Gesetze und Regulierungsmaßnahmen, die die Wettbewerbsfähigkeit auf den Märkten gewährleisten sollen. Im Vordergrund stehen drei Bereiche: 1. Es stellt die Bildung von Kartellen (siehe S. 95), in denen Unternehmen Preisabsprachen treffen, unter Strafe. 2. Es legt eine Reihe von Regeln für Monopole fest (siehe S. 96), um zu verhindern, dass sie ihre Position zum Nachteil der Verbraucher ausnutzen. 3. Es kann Fusionen und Übernahmen zwischen Unternehmen verhindern, die die Wettbewerbsfähigkeit der Märkte behindern. Kartellrechtliche Vorschriften werden häufig durch gesetzliche Auflagen und durch Sanktionen wie Geldstrafen oder letztlich durch die Zerschlagung des Unternehmens, das gegen die Vorschriften verstoßen hat, untermauert.

> **»Im Kartellrecht geht es darum, den Wettbewerb im Namen der Öffentlichkeit zu schützen.«**
>
> Al Franken

Kartellabsprachen
Die Mitglieder eines Kartells konkurrieren nicht miteinander, sondern schließen sich zusammen, um die Preise oder das Angebot zu kontrollieren. Kartellgesetze sind erforderlich, um Folgendes zu bekämpfen:

PREISABSPRACHEN

AUFTEILUNG DER MÄRKTE

ABSPRACHE VON GEBOTEN

ABSPRACHE VON PRODUKTIONSDROSSELUNGEN

Alleiniger Anbieter

Der Wettbewerb kann auch behindert werden, wenn ein Unternehmen einen Markt beherrscht, also eine Monopolstellung hat. Kartellgesetze zielen auf Monopole ab, um Folgendes zu verhindern:

UNFAIRE PREISE

PREISGESTALTUNG ZUM AUSSCHLUSS VON KONKURRENTEN

BEGRENZUNG DER PRODUKTION

EXKLUSIVE VERTRÄGE

Fusionen und Übernahmen

Fusionen und Übernahmen können sich negativ auf die Marktdynamik auswirken und den Wettbewerb verringern. Kartellrechtliche Maßnahmen sollen diese Auswirkungen eindämmen:

HÖHERE PREISE FÜR KONKURRENTEN

PREISGESTALTUNG ZUR SCHWÄCHUNG DES ZIELUNTERNEHMENS

AUSSCHALTEN VON STÖRERN/ AUSSENSEITERN

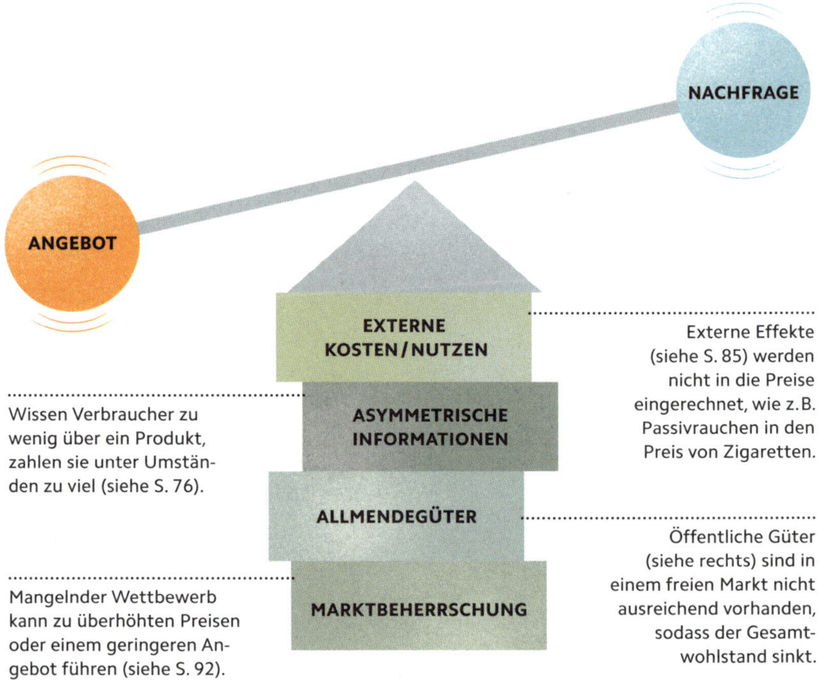

FREIE MÄRKTE MACHEN FEHLER

Die klassische Wirtschaftstheorie besagt, dass freie Märkte effizient funktionieren, wenn das Angebot der Nachfrage entspricht und alle Ressourcen so verteilt sind, dass der Nutzen maximiert und die Verschwendung minimiert wird (siehe S. 24). Manchmal versagen die Märkte jedoch. Wenn die Preise nicht die vollen Kosten oder den vollen Nutzen der Waren widerspiegeln, geraten Angebot und Nachfrage aus dem Gleichgewicht, was zu einer ineffizienten Verteilung der Ressourcen führt. Zur Vermeidung des Marktversagens greifen oft die Regierungen ein: Sie führen Gesetze oder Subventionen ein und stellen Allmendegüter bereit.

FREIE MÄRKTE FORDERN GELD

Ein Gut ist öffentlich, wenn es vielen Personen zu denselben Kosten zur Verfügung gestellt werden kann wie einer Person und wenn man Nichtzahler nicht von der Nutzung ausschließen kann. Wirtschaftstheoretisch gesehen bedeutet das, dass öffentliche Güter wie Parks und Polizeikräfte wahrscheinlich nicht auf einem freien Markt angeboten werden, da sie für private Unternehmen nicht rentabel sind. Stattdessen werden sie in der Regel von Regierungen bereitgestellt. Im Gegensatz dazu können Klubgüter zwar auch von vielen Menschen gleichzeitig genutzt werden, aber Nichtzahler werden von der Nutzung ausgeschlossen – oft mit rechtlichen oder technischen Mitteln.

EXKLUSIV | NICHT EXKLUSIV

Private Güter
Diese Art von Gütern sind rivalisierend (die Nutzung durch eine Person schränkt die Nutzung durch andere Personen ein) und exklusiv (Nichtzahler werden am Konsum gehindert).

Allmendegüter
Diese sind rivalisierend, aber nicht exklusiv. Zum Beispiel reduziert der Fischfang die verfügbaren Bestände, aber es kann schwierig sein, Nichtzahler am Fischen zu hindern.

RIVALISIEREND

NICHT RIVALISIEREND

Klubgüter
Sie sind nicht rivalisierend, aber exklusiv, sodass die Zahl der Nutzer begrenzt werden kann. Beispiel: Sportveranstaltungen und Streamingabos.

Öffentliche Güter
Sie sind weder rivalisierend noch exklusiv – so profitieren z.B. viele Menschen von Straßenbeleuchtung, ohne dafür zu bezahlen.

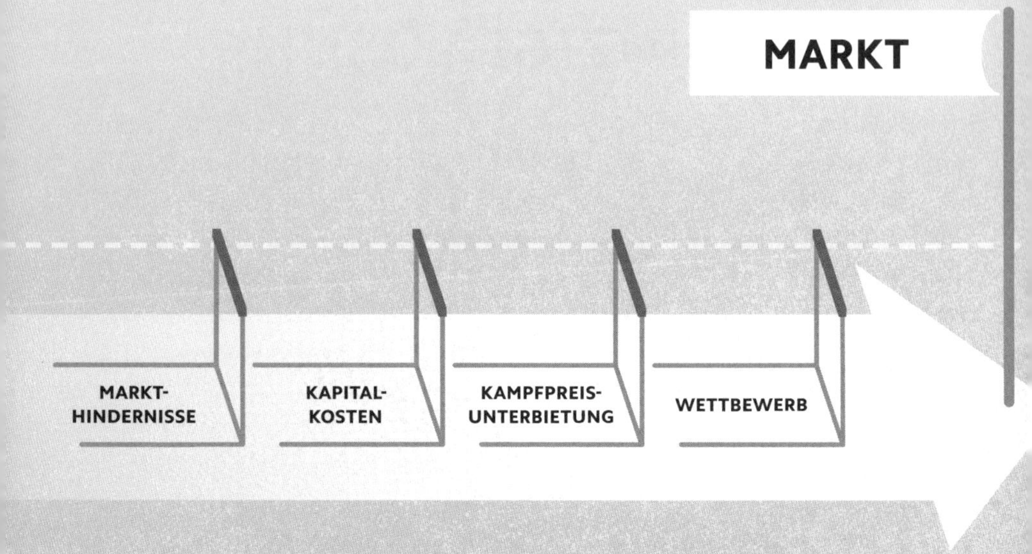

DU KOMMST NICHT HEREIN

Markteintrittsschranken sind Faktoren, die Unternehmen den Zutritt zu neuen Märkten oder Arbeitnehmern die Beschäftigung in bestimmten Sektoren erschweren. Markteintrittsschranken können auf natürliche Weise entstehen, z.B. durch hohe Anlaufkosten, oder sie können vom Staat auferlegt werden, z.B. durch komplizierte Zulassungsbedingungen oder Lizenzgebühren. Bestehende Unternehmen können auch Druck auf Start-ups ausüben, indem sie diese aufkaufen oder durch Lobbyarbeit die Regierung dazu drängen, weitere Hindernisse zu schaffen. Manchmal ergeben sich Markteintrittsschranken daraus, dass ein Unternehmen einen Markt so stark beherrscht, dass es für andere praktisch unmöglich ist, mit ihm in Wettbewerb zu treten.

EINE EINZIGE LÖSUNG

Natürliche Monopole können auf Märkten entstehen, in denen die fixen Anlaufkosten so hoch sind, dass ein Unternehmen nur dann wirtschaftlich überleben kann, wenn es als einziger Anbieter den gesamten Markt bedient. Ein einzelner Anbieter kann die Skaleneffekte erzielen, die erforderlich sind, um die Anlaufkosten auszugleichen und zusätzlich die weiteren Kosten so weit zu senken, dass er zu erschwinglichen Preisen verkaufen kann. Zwei konkurrierende Unternehmen hätten zwar identische Anlaufkosten, aber keines könnte anschließend genug Kunden gewinnen. Daher wären die Preise höher und es würden weniger Einheiten verkauft. Dies lässt sich häufig auf Märkten für Versorgungsleistungen oder im öffentlichen Personenverkehr beobachten.

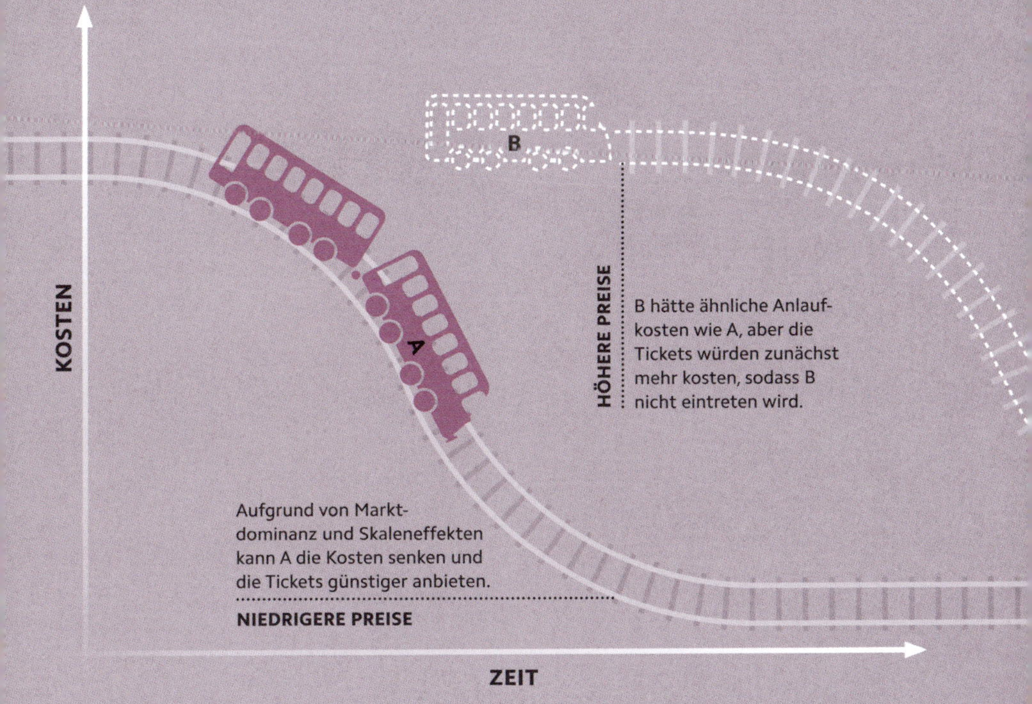

GEWINNE MAXIMIEREN

Die Wohlfahrtsökonomik beschäftigt sich mit den im Rahmen einer Transaktion erzielten Gewinnen. Kauft ein Verbraucher ein Produkt für weniger Geld, als er dafür zu bezahlen bereit wäre, so ist dieser Gewinn die »Konsumentenrente«. Wird das Produkt für mehr verkauft, als es den Verkäufer gekostet hat, spricht man von »Produzentenrente«. Zusammen ergeben beide die die Gesamtrente, die beide Seiten erzielen – die »ökonomische Wohlfahrt«. Sind Angebot und Nachfrage (siehe S. 25) in einem freien Markt ausgeglichen, pendeln sich die Preise an einem Punkt ein, an dem die Gesamtrente ihr Optimum erzielt. Wenn sich aber die Bedingungen ändern (z. B. durch Subventionen, Steuern oder Monopole), kann dies zu einem Wohlfahrtsverlust (siehe S. 97) führen.

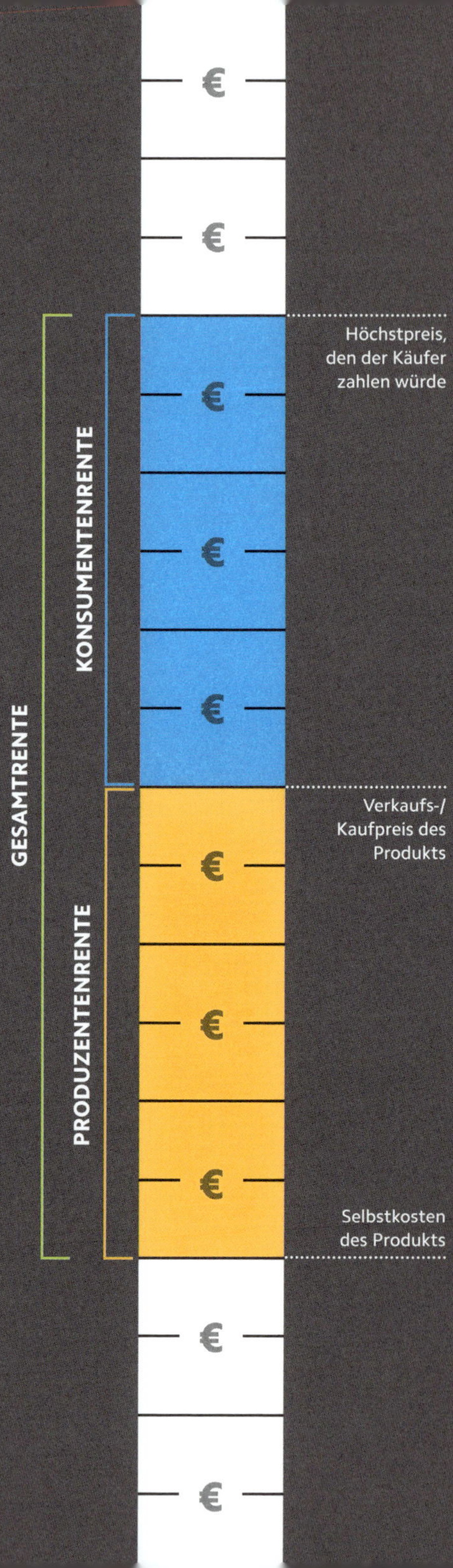

DIE GESAMTEN KOSTEN

Neben den Produktionskosten verursacht jeder Handel Transaktionskosten – die Kosten für die Suche nach dem Kunden und die Abwicklung des Abschlusses. Beim Verkauf einer Immobilie fallen Transaktionskosten z.B. in Form von Werbung, Anwaltskosten und Maklerprovision an. Unternehmen analysieren ihre Transaktionskosten, um zu sehen, ob es effizienter ist, die Vorgänge intern abzuwickeln oder sie an andere Lieferanten auszulagern *(Outsourcing)*. Da die Transaktionskosten die Kapitalrendite beeinflussen, sind sie für Investoren eine wichtige Kennzahl.

Kosten 1: Kundensuche
Marktforschung, wer der Verbraucher ist, wo er sich befindet und wie er erreicht wird. Dazu kommen die Kosten für die Kontaktaufnahme.

Kosten 2: Vereinbarung der Bedingungen
Geschäftsverhandlungen mit Banken, Verhandlungen mit Anwälten und Abschluss von Verträgen.

Kosten 3: Durchsetzen der Zahlung und Lieferung
Buchhaltungskosten und notwendige Arbeitsleistung für die Organisation von Transport und Lieferung sowie Nachverfolgung verspäteter Zahlungen.

Elektronische Marktplätze können Transaktionskosten senken, da dort der Austauschprozess automatisiert und die Kontaktaufnahme mit Verbrauchern vereinfacht ist.

VORWÄRTS-INTEGRATION

Hier werden Aktivitäten eingegliedert, die in der Lieferkette nachfolgend angesiedelt sind, z. B. ein Einzelhändler.

RÜCKWÄRTS-INTEGRATION

Hier werden Aktivitäten eingegliedert, die frühere Stufen der Lieferkette betreffen, z. B. Bauteile oder Rohstoffe wie Gummi.

HORIZONTALE INTEGRATION

Sie kann den Zugang zu neuen Märkten oder einer vielfältigeren Produktpalette eröffnen.

ÜBERNAHME = WACHSTUM

Vertikale und horizontale Integration sind zwei Wachstumsstrategien für Unternehmen. Vertikales Wachstum bedeutet, mehr Teile der Lieferkette im Unternehmen zu integrieren: Ein Automobilhersteller kann z. B. eine Reifenfabrik und einen Händler kaufen, denn Erstere steigert die Liefereffizienz und senkt die Kosten und der Zweite eröffnet ihm direkten Zugang zu den Verbrauchern. Für horizontales Wachstum kauft ein Unternehmen dagegen ein anderes Unternehmen auf der gleichen Stufe in der Lieferkette. So könnte der Automobilhersteller einen konkurrierenden Hersteller aufkaufen, um den Wettbewerb zu verringern oder seinen Marktanteil zu erhöhen.

GELD OHNE ARBEIT

»Rentenstreben« bedeutet, dass eine Person oder Organisation versucht, ihren Anteil am vorhandenen Wohlstand zu erhöhen, anstatt selbst mehr zu schaffen. Die »Rente«, also den Gewinn, den die eine Partei erzielt, muss eine andere opfern. Beispiel: Ein Unternehmen oder eine Branche verschafft sich durch Lobbyarbeit bei der Regierung einen finanziellen Vorteil, z. B. Zahlungen wie Subventionen oder Zugeständnisse wie niedrige Steuern. Solches Rentenstreben untergräbt den Wettbewerb und die Produktivität. Wenn es sich lohnt, werden andere es nachahmen und auf diese Weise Ressourcen abzweigen, die sonst zur Steigerung des allgemeinen Wohlstands einer Volkswirtschaft zur Verfügung stünden.

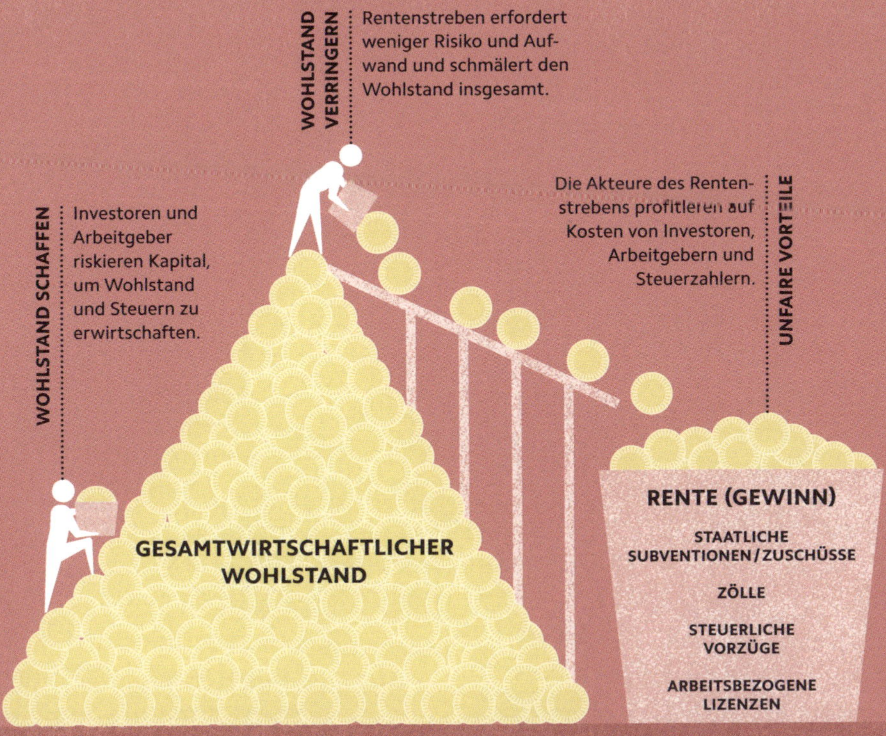

IDEELLE WERTE

Nicht alles Eigentum ist materiell – auch Ideen müssen geschützt werden. Geistiges Eigentum gibt einem Urheber das Recht, mit seiner geistigen Arbeit, z. B. einer Erfindung oder einem künstlerischen oder literarischen Werk, Geld zu verdienen und es als seine Schöpfung zu kennzeichnen. Wirtschaftlich gesehen gewährt das geistige Eigentum für einen bestimmten Zeitraum ein begrenztes Monopol auf das Werk. Rechte am geistigen Eigentum halten andere davon ab, Werke zu kopieren oder zu stehlen, und bieten einen Anreiz, Neues zu schaffen. Grad und Umfang der Rechte variieren je nach Art des betreffenden geistigen Eigentums.

Marke
Eine Marke schützt ein Design, einen Markennamen oder ein Symbol und kennzeichnet das betreffende Produkt als von einem bestimmten Hersteller stammend. Andere Unternehmen dürfen sie weder verwenden noch kopieren.

Designrechte
Designrechte schützen das Aussehen eines zwei- oder dreidimensionalen Artikels, einschließlich seiner Form, Oberfläche, Farbe oder Verzierung.

Nicht-fungibles Token (NFT)
Ein NFT ist ein digitaler Datensatz, der das Eigentum an einem Vermögenswert, z. B. einem Kunstwerk, kennzeichnet. Die Regeln des geistigen Eigentums gelten ohne Abstrich für den Vermögenswert und zusätzlich wird durch ein technisches Verfahren sichergestellt, dass das Token nicht ohne Erlaubnis kopiert oder durch ein anderes ersetzt werden kann – es ist »nicht fungibel«.

GEISTIGES EIGENTUM

Geschäftsgeheimnis
Geschäftsgeheimnisse verhindern, dass vertrauliche Informationen wie Formeln oder Rezepte ohne Genehmigung verkauft oder verwendet werden.

Patent
Ein Patent gibt einem Erfinder das Recht, andere an der Herstellung oder Verbreitung seiner Erfindung zu hindern oder die Art ihrer Nutzung zu regeln. Im Gegenzug muss der Patentinhaber in der Patentschrift technische Informationen über seine Erfindung offenlegen.

Datenbankrechte
Der Inhalt einer Datenbank kann schutzfähig sein, wenn die Zusammenstellung der Daten erheblichen Aufwand bzw. Investitionen erforderte.

Urheberrechtsschutz
Erfindung und Ausdruck neuer Ideen sind durch das Urheberrecht gesetzlich geschützt. Es verbietet anderen über einen bestimmten Zeitraum hinweg, ein Werk zu verbreiten oder zu kopieren. Mit dem Urheberrecht schützen Autoren, Künstler und Filmemacher ihre Originalwerke.

NEUE IDEEN FÖRDERN WACHSTUM

In der Ökonomie bezieht sich Innovation nicht nur auf neue Ideen, Entdeckungen oder Erfindungen, sondern auch auf deren kommerzielle Nutzung. Diese Definition wurde erstmals 1943 von Joseph Schumpeter geprägt. Innovation beschränkt sich nicht nur auf die Schaffung neuer Produkte, sondern beinhaltet auch neue Wege der Geschäftstätigkeit oder die Erschließung neuer Märkte für bestehende Produkte. Zusammen mit Unternehmertum fördert Innovation neue Geschäftsaktivitäten und steigert so Gewinne und Wirtschaftswachstum. Für Schumpeter war dies der Schlüssel zu einer erfolgreichen kapitalistischen Wirtschaft.

PLATZ MACHEN FÜR NEUES

Joseph Schumpeter machte 1942 das Konzept der »schöpferischen Zerstörung« bekannt. Er beschrieb, wie neue Ideen oder Produkte laufend die alten vom Markt drängen. In seiner Analyse stützt dieser Prozess das Wirtschaftswachstum und ist eine wesentliche Triebkraft des Kapitalismus. Erfolge in einer Branche führen zu Gewinnen, also suchen neue Unternehmer nach Möglichkeiten, einen Teil dieser Gewinne abzuschöpfen. Dabei kommt es häufig vor, dass sie etablierte Unternehmen, Ideen oder Produkte zerstören, indem sie neue schaffen.

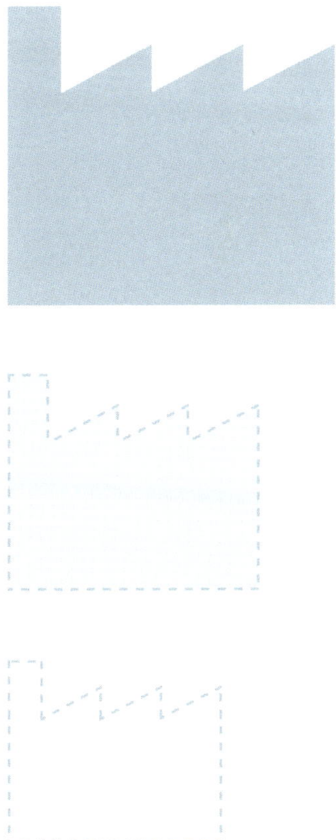

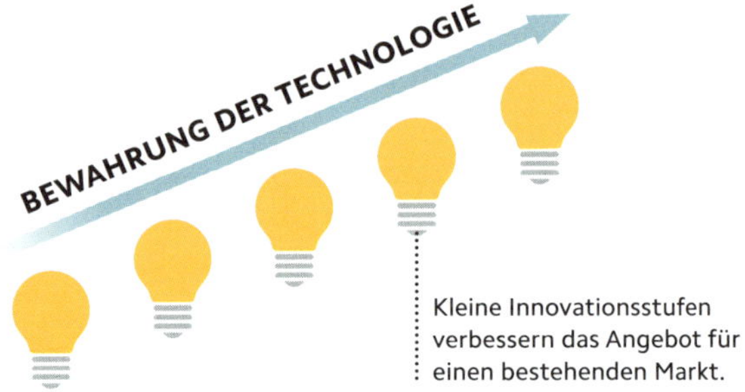

WECHSEL DES SPIELFELDS

Der Begriff »disruptive Technologie« wurde 1995 für eine bestimmte Art von Innovation geprägt, die völlig neue Märkte erschließt und bestehende Anbieter verdrängt. Disruptive Technologien bieten nach herkömmlichen Kriterien zunächst eine schlechtere Leistung als die Konkurrenz, doch schon bald sprechen sie mehr Verbraucher an, oft aufgrund niedrigerer Preise oder neuer Funktionen. So konzentrierten sich z.B. CD-Produzenten auf die Verbesserung der Klangqualität, bis MP3 die gesamte Branche neu definierte. Die MP3-Technologie bot zwar schlechtere Klangqualität, ermöglichte aber die Speicherung einer großen Menge an Musiktiteln auf einem tragbaren Gerät.

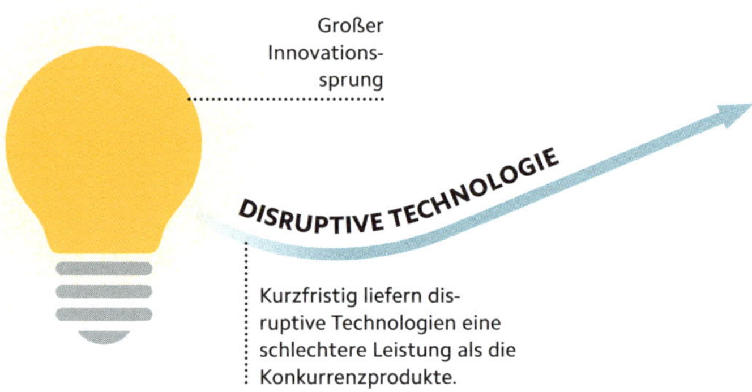

Kostenvergleich
Die Grenzkosten digitaler Informationsgüter bleiben im Zeitverlauf niedrig, wohingegen die Kosten vieler physischer Güter wieder steigen, sobald die Produktion erhöht wird, um neue Kunden zu beliefern.

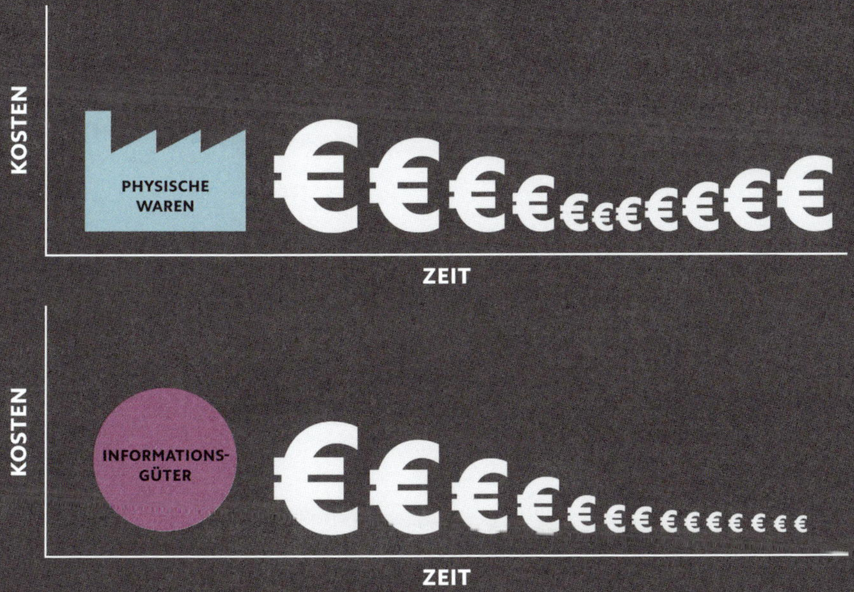

MEHR KOSTET WENIGER

Informationsgüter sind Produkte oder Dienstleistungen, deren Wert in den darin enthaltenen Informationen liegt. Es gibt sie zunehmend in digitaler Form, z.B. als E-Books, Musik, Filme, Software, Spiele, Apps und Social-Media-Feeds. Ein besonderes Merkmal digitaler Informationsgüter sind ihre minimalen Grenzkosten. Das bedeutet, dass die Kosten für die Vervielfältigung jedes zusätzlichen Exemplars und den Onlineversand sehr gering sind (oder gar gegen null gehen). Die Kosten entstehen bei der Erstellung des Gutes oder der Dienstleistung, doch dann sinken die Durchschnittskosten mit jedem zusätzlichen Nutzer immer weiter.

NUTZER ZIEHEN NUTZER AN

Netzwerkeffekte sind für Nutzergruppen von Vorteil – insbesondere für die Konsumenten vieler Informationsgüter wie Software, Games und soziale Medien. Direkte Netzwerkeffekte treten auf, wenn jeder neue Nutzer den Wert eines Netzwerks für die anderen Nutzer erhöht. Wenn z.B. mehr Menschen auf einer Social-Media-Plattform posten, werden die Inhalte reichhaltiger und ziehen noch mehr Abonnenten an. Wenn genügend Menschen finden, dass ein Informationsgut mehr wert ist als sein Preis, dann expandiert das Netzwerk aufgrund dieses Effekts schnell und das Unternehmen kann dramatisch wachsen.

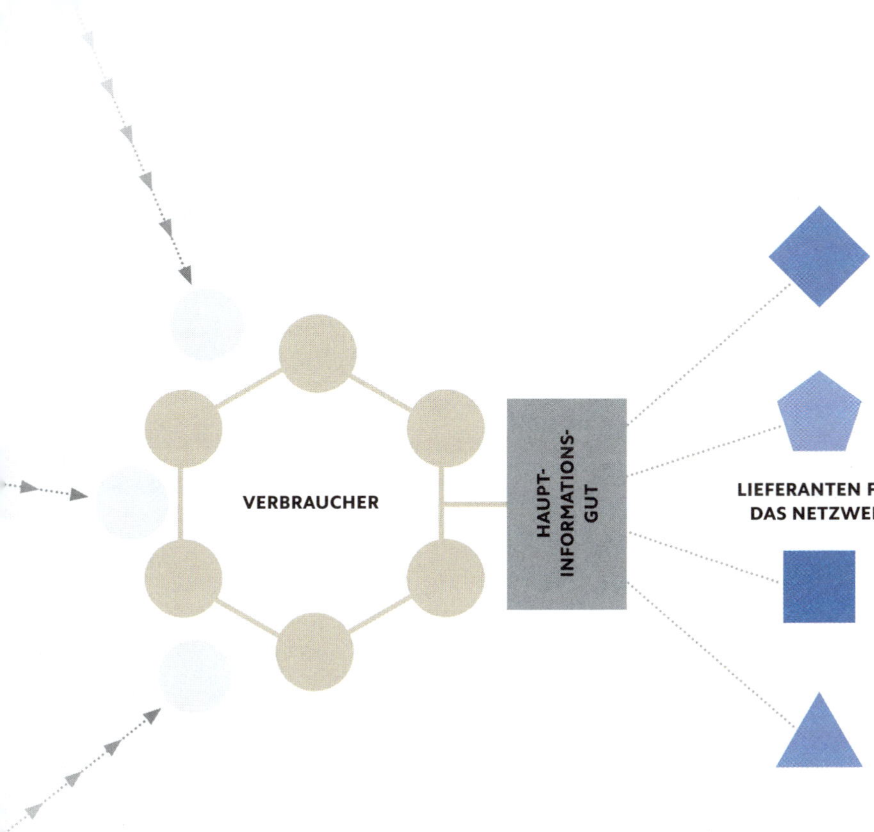

NUTZER STEIGERN QUALITÄT

Ein expandierendes Netzwerk kann indirekt Vorteile für sich selbst generieren. Dieser Effekt tritt häufig bei Informationsgütern auf. Die steigende Nachfrage nach einem Produkt oder einer Dienstleistung veranlasst den Anbieter, sein Angebot attraktiver zu machen (um den Marktanteil und seine Preismacht zu erhöhen), was den bestehenden Verbrauchern zugutekommt. So kann z.B. ein Anstieg der Kundenzahlen bei Streaming-Videos zu mehr und hochwertigeren Filmen führen. Oft entwickeln auch Drittanbieter ergänzende Produkte, wie z.B. Sprachnachrichten auf einer Gaming-Plattform. Diese verbessern die Nutzererfahrung und steigern die Nachfrage weiter.

INTER-
NATION
HANDEL

ALER

Wir leben in einer vernetzten Welt, in der alle nationalen Volkswirtschaften mit der Weltwirtschaft interagieren. Fast alle Länder treiben Handel und müssen daher mit komplexen Faktoren umgehen, vom richtigen Wechselkurs bis hin zur Frage, welche Waren und Dienstleistungen für den Export produziert und welche importiert werden sollen. Einige Länder errichten Barrieren zum Schutz ihrer heimischen Märkte, aber Ökonomen vertreten in der Regel die Ansicht, dass dies den inländischen Verbrauchern unerwünschte Kosten aufbürdet und dass freier, offener Handel für alle Beteiligten besser ist. Der internationale Handel wird von übergeordneten Gremien wie der Welthandelsorganisation (WTO) nach Regeln verwaltet, die sich mit der Zeit entwickeln und ihn aufrechterhalten.

HANDEL OHNE SCHRANKEN

Eine Freihandelspolitik erlaubt, dass Waren und Dienstleistungen aus bestimmten Regionen ohne Einschränkungen in ein Land gelangen. Es gibt bilaterale Freihandelsabkommen (zwischen zwei Ländern) oder auch Freihandelszonen, in denen der Handel zwischen den Partnern uneingeschränkt ist, der Handel von außen jedoch reguliert wird. Im Rahmen von Freihandelsabkommen sollte eine Regierung keine ihrer exportierenden Industrien subventionieren, weil dies einen unfairen Vorteil gegenüber ausländischen Herstellern darstellt. Weniger effizient arbeitende heimische Industrien können zwar unter der Konkurrenz ausländischer Unternehmen leiden, aber das Ziel des Freihandels besteht darin, die kostengünstigste Versorgung der Verbraucher mit Waren und Dienstleistungen zu gewährleisten.

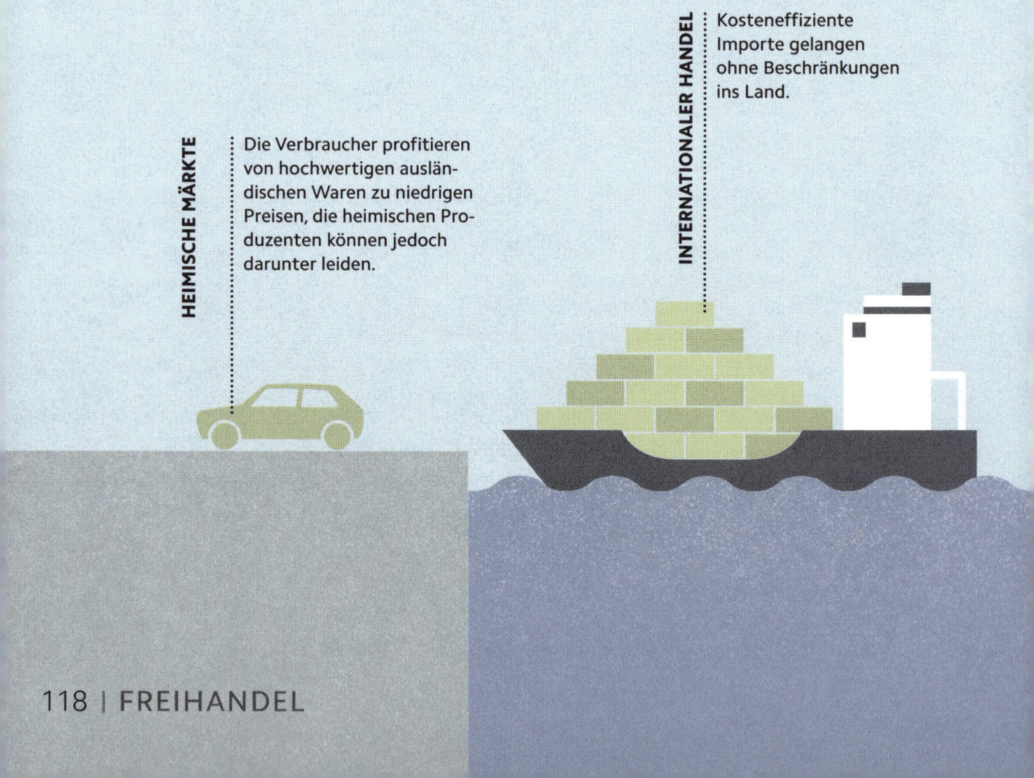

HANDEL MIT SCHRANKEN

Das Gegenteil von Freihandel ist Protektionismus: Hier verhängen Regierungen Beschränkungen für die Einfuhr von Waren und Dienstleistungen in ihr Land. Quoten beschränken die Einfuhrmengen und Zölle verteuern die Importe. Diese Maßnahmen schützen die heimische Industrie vor ausländischer Konkurrenz und verhindern, dass Kapital (produktive Ressourcen) das Land verlässt. Protektionismus soll Arbeitslosigkeit verhindern und aufstrebende Branchen unterstützen, kann aber dazu führen, dass die Preise höher sind und einige Industriezweige nicht wirtschaftlich arbeiten. Wenn alle Länder Protektionismus praktizieren würden, ginge der Welthandel zurück und es könnte zu einem globalen Konjunktureinbruch kommen.

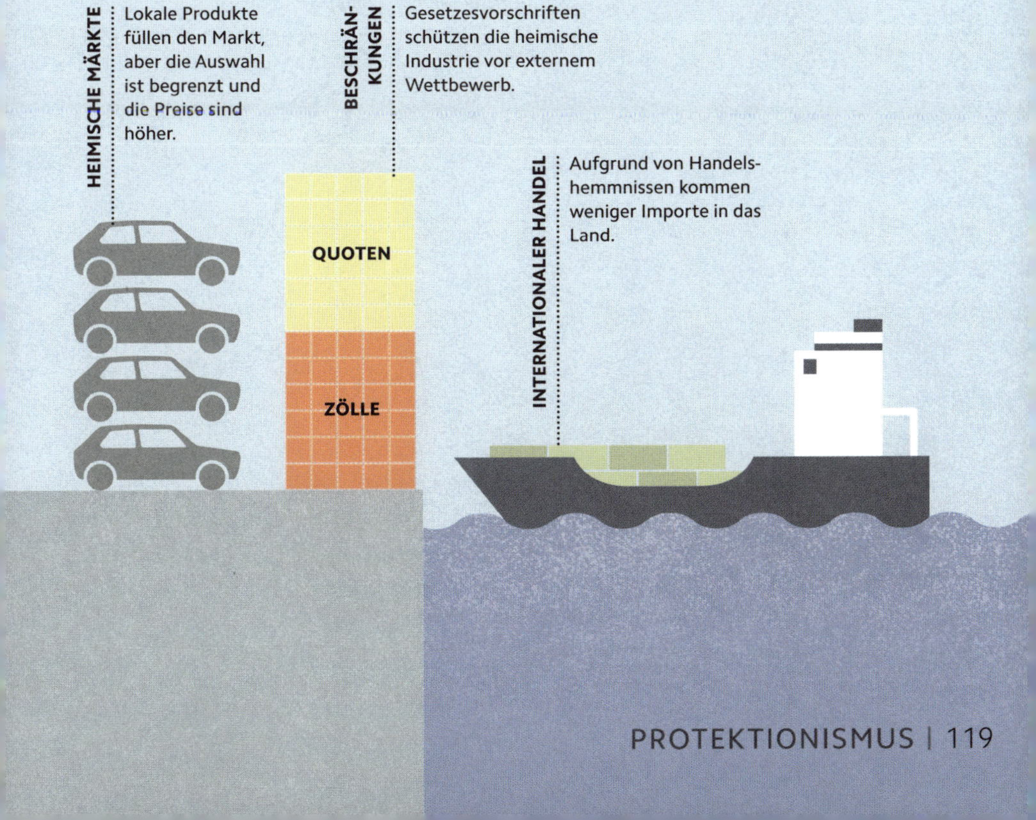

HANDELSPARTNERSCHAFTEN

Multilateraler Handel bedeutet, dass sich mindestens drei Länder auf die Senkung von Zöllen und Quoten einigen, um freier und vor allem zu gleichen Bedingungen Handel zu treiben. Befürworter sehen Vorteile in billigeren Importen, einem stabilen und transparenten Handelssystem aufgrund standardisierter Verfahren, der Zunahme des Handels unter den Beteiligten und einer stärkeren, offeneren Weltwirtschaft. Vor allem für kleinere und aufstrebende Volkswirtschaften kann der Multilateralismus gleiche Wettbewerbsbedingungen schaffen. Ein Beispiel für ein regionales multilaterales Abkommen ist die Europäische Freihandelsassoziation (EFTA).

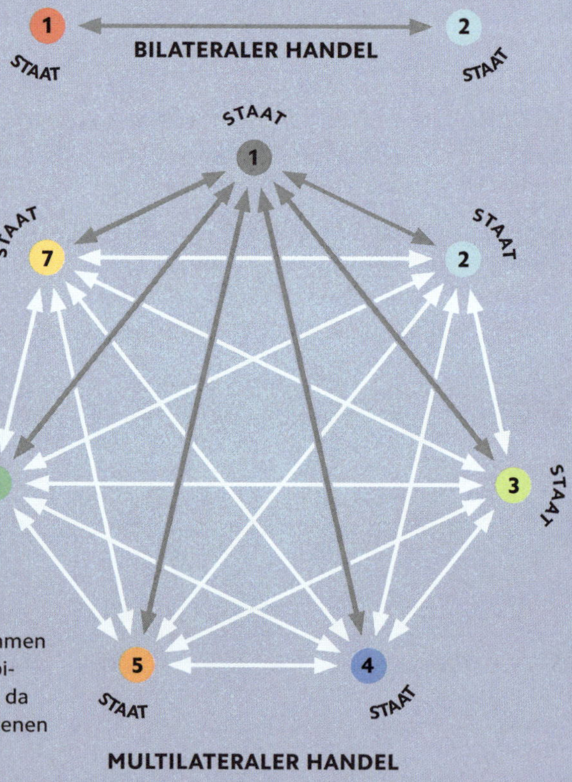

Vielfalt schafft Komplexität
Multilaterale Abkommen sind komplexer als bilaterale Abkommen, da jedes Land seine eigenen Schutzregeln hat.

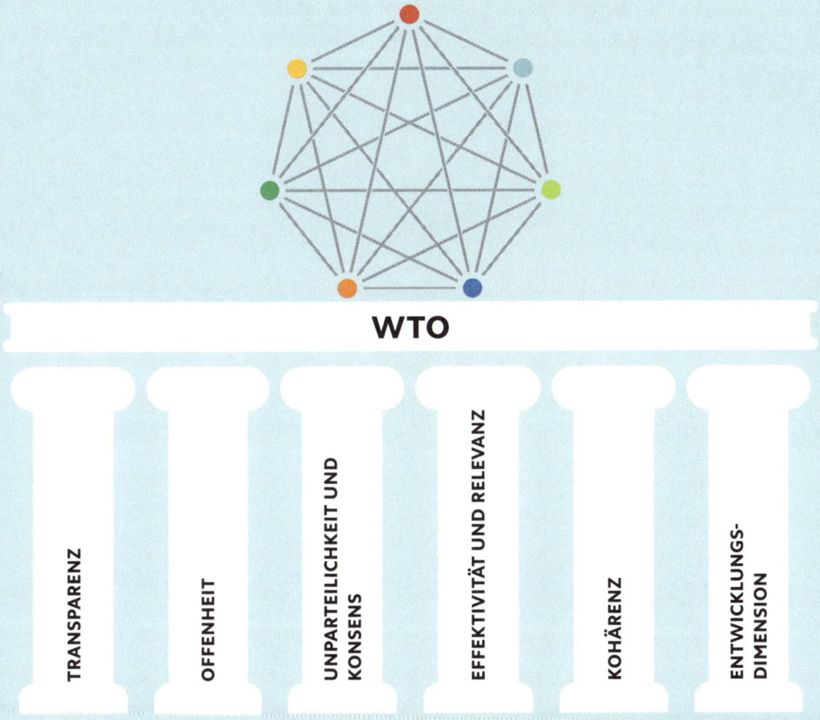

REGULIERUNG DES HANDELS

Handelsregeln sollen Handelsvereinbarungen innerhalb eines Bündnisses erleichtern und unterstützen. Die Welthandelsorganisation (*World Trade Organization*, WTO) regelt den weltweiten multilateralen Handel (siehe links) zwischen mehr als 160 Mitgliedern. Neben der Schaffung und Durchsetzung von Handelsregeln fungiert sie auch als Vermittlerin, wenn Konflikte auftreten. Die WTO arbeitet nach sechs Grundsätzen, die Fairness fördern: Transparenz, Offenheit, Unparteilichkeit und Konsens, Effektivität und Relevanz, Kohärenz und schließlich die Entwicklungsdimension (die sich damit befasst, wie Entwicklungsländer in die Weltwirtschaft einbezogen werden können).

FREIHANDEL … FÜR MANCHE

ZOLL-UNION

In einer Zollunion vereinbaren die Mitgliedsstaaten, bestehende Handelshemmnisse (wie Zölle und Quoten) zu verringern oder abzuschaffen. Ein gemeinsamer Außenzoll wird auf alle Handelsgüter erhoben, die in die Zollunion gelangen, innerhalb der Zollunion können sie dann zollfrei gehandelt werden. Zollunionen erhöhen die Handelsströme zwischen den Mitgliedern, ermöglichen weniger effizienten Industrien das Überleben und stärken die Verhandlungsposition der Mitglieder bei Handelsabkommen mit Nichtmitgliedern. Die Europäische Union ist die größte Zollunion der Welt.

Keine oder niedrige Zölle
Die Zölle auf Waren, die zwischen Mitgliedern gehandelt werden, werden gesenkt oder aufgehoben.

Keine Kontrollen
Handelshemmnisse wie Grenzkontrollen bei Waren werden beseitigt.

Gemeinsamer Außenzoll
Für Waren, die in die Zollunion importiert werden, gilt ein einheitlicher Zolltarif. Die Einnahmen daraus werden an die Mitglieder verteilt.

Gemeinsame Handelsabkommen
Die Zollunion verhandelt im Namen aller ihrer Mitglieder Freihandelsabkommen mit Drittländern.

HANDELSPARTNER

Zwei benachbarte Länder gleicher Größe treiben viermal so viel Handel wie zwei ähnlich große Länder, die doppelt so weit voneinander entfernt sind.

GLEICHES ZIEHT SICH AN

Zur Analyse und Erklärung des internationalen Handels ziehen Ökonomen häufig das von Jan Tinbergen 1962 vorgeschlagene Gravitationsmodell des Welthandels heran. Es besagt, dass der Handel nach den Regeln von Newtons Gravitationsgesetz funktioniert: Die Handelsmenge zwischen zwei Ländern hängt von ihrer Masse – der Größe ihres BIP (siehe S. 38) – und von ihrer Entfernung ab. Je größer die beiden Länder sind und je näher sie beieinanderliegen, desto mehr Handel treiben sie. Allerdings bezieht sich die Nähe nicht nur auf die geografische Entfernung, sondern auch auf kulturelle Präferenzen und den Entwicklungsstand.

Globales Gleichgewicht
Jeder Export ist ein Import in ein anderes Land, daher summiert sich die Handelsbilanz der Welt auf null.

ALLES SUMMIERT SICH

Exportiert ein Land Waren, erhält es eine Zahlung, importiert es Waren, leistet es eine Zahlung. Die Handelsbilanz eines Landes ist die Differenz zwischen dem Wert seiner Aus- und Einfuhren über einen bestimmten Zeitraum. Länder mit einem Handelsdefizit müssen die Differenz durch Kreditaufnahmen oder Investitionen aus dem Ausland decken, während Länder mit einem Handelsbilanzüberschuss Geld verleihen können. Eine positive (Überschuss) oder negative (Defizit) Handelsbilanz ist jedoch nicht automatisch »gut« oder »schlecht« und sagt nichts über die Gesundheit der Wirtschaft eines Landes aus.

Handelsdefizit
Wenn die Importe eines Landes seine Exporte übersteigen, ist die Handelsbilanz negativ.

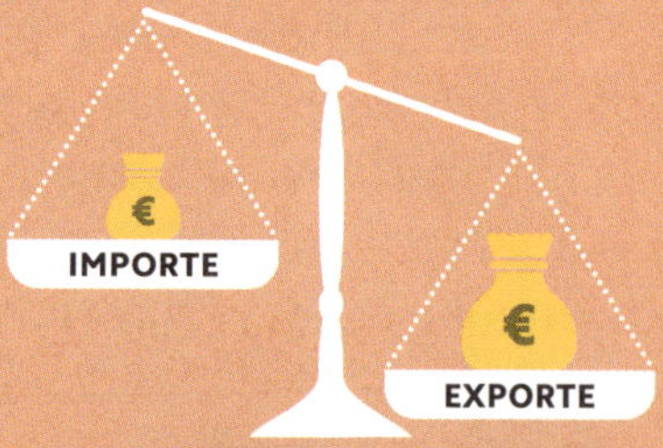

Handelsüberschuss
Wenn die Exporte eines Landes seine Importe übersteigen, ist die Handelsbilanz positiv.

Fester Wechselkurs
Wenn ein Land seine Währung an den Wert einer anderen bindet, wird seine Wirtschaft stabiler und attraktiver für ausländische Investitionen.

WÄHRUNGSUNION

Ein fester Wechselkurs mit einigen Ländern und ein freier Kapitalfluss aus anderen Ländern bedeutet den Verzicht auf die währungspolitische Unabhängigkeit.

GESCHLOSSENE FINANZSYSTEME

Wenn ein Land seine Währung fixiert und geldpolitisch unabhängig bleiben will, kann es keinen freien Kapitalverkehr haben.

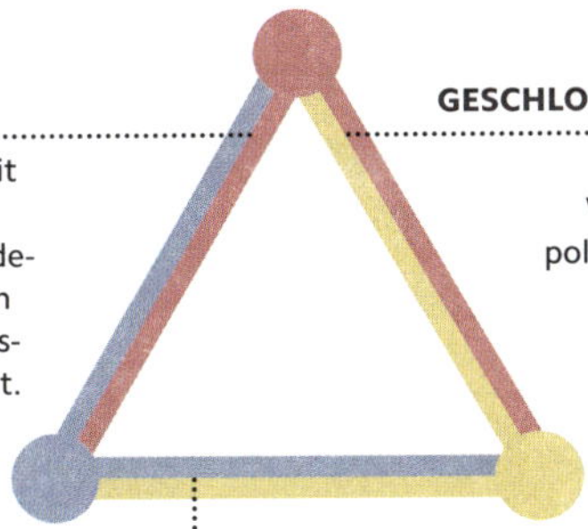

Freier Kapitalverkehr
Ein Land kann den freien Kapitalverkehr ohne feste Wechselkurse aus einigen oder allen anderen Ländern zulassen.

FREIE WECHSELKURSE

Wenn ein Land über einen freien Kapitalverkehr und monetäre Unabhängigkeit verfügt, kann es keinen festen Wechselkurs geben.

Unabhängige Geldpolitik
Wenn die Zentralbank eines Landes die Freiheit hat, das Geldvolumen zu kontrollieren, kann sie auf Ereignisse reagieren.

KOMPROMISSE

Wirtschaftstheoretisch gesehen steht ein Land bei der Entscheidung über seine internationale Geldpolitik (also über den Umgang mit Investitionen anderer Nationen) vor einem Trilemma – vor drei nicht miteinander kompatiblen Optionen. Sobald man sich für zwei Optionen entscheidet, kann die dritte nicht mehr realisiert werden. Die drei Optionen sind ein fester Wechselkurs, freier Kapitalverkehr und eine unabhängige Geldpolitik. Die meisten Länder entscheiden sich für freien Kapitalverkehr und geldpolitische Unabhängigkeit und opfern dafür den festen Wechselkurs.

WER MACHT ES AM BESTEN?

Absoluter Kostenvorteil bezeichnet die Fähigkeit eines Landes, einer Region, eines Unternehmens oder auch einer Einzelperson, etwas effizienter zu produzieren als alle anderen. Insbesondere bedeutet er, dass ein Land eine bestimmte Ware oder Dienstleistung zu niedrigeren Kosten produzieren kann – beispielsweise indem es mehr Einheiten pro Stunde oder mehr Einheiten aus einer bestimmten Menge an Inputs herstellt. Die Idee wurde 1776 erstmals von Adam Smith eingeführt. Er wollte damit erklären, wie Länder durch Handel reicher werden können, indem sie sich auf Produkte konzentrieren, die sie effizienter produzieren können als andere.

Land 2 kann zwei Autos und sechs Fahrräder produzieren, während Land 1 in demselben Zeitraum nur ein Auto und vier Fahrräder herstellen kann.

Land 2 hat gegenüber Land 1 einen absoluten Kostenvorteil bei der Herstellung von Autos und Fahrrädern. Das bedeutet, dass Land 1 diese Artikel aus Land 2 kaufen und stattdessen lieber andere Dinge produzieren sollte.

Land 1 hat einen komparativen Kostenvorteil bei Fahrrädern, da die Opportunitätskosten für die Herstellung eines Fahrrads ein Viertel des Autos betragen. (Für Land 2 liegen sie bei einem Drittel eines Autos.)

Land 2 hat einen komparativen Kostenvorteil bei Autos, da die Opportunitätskosten für die Herstellung eines Autos drei Fahrräder sind. (Für Land 2 sind sie höher, nämlich vier Fahrräder.)

WER MACHT WAS AM BESTEN?

Beim komparativen Kostenvorteil geht es um die effizienteste Nutzung der vorhandenen Ressourcen und nicht darum, wer etwas am besten kann. Ein Land oder Unternehmen hat den komparativen Kostenvorteil, wenn es sich auf seine Stärken konzentriert und seine Opportunitätskosten minimiert (siehe S. 80). Dies bedeutet, dass man die Methoden zur Nutzung der eigenen Ressourcen, Zeit und Fähigkeiten laufend verbessern sollte. Die Idee wurde von David Ricardo zu Beginn des 19. Jh. entwickelt, um zu erklären, warum Länder von Spezialisierung und Handel profitieren, auch wenn sie keinen absoluten Kostenvorteil haben.

SPEZIALISIERUNG

Traditionelle Theorien zum Freihandel gingen davon aus, dass Länder Handel treiben, weil ein Handelspartner einen inhärenten Vorteil bei der Schaffung eines bestimmten Produkts hat, z. B. billige Arbeitskräfte oder Rohstoffe. Dennoch findet ein Großteil des Welthandels zwischen ähnlichen Ländern statt. Ab etwa 1970 wurde die neue Außenhandelstheorie (*New Trade Theory*, NTT) entwickelt, die eine Erklärung dafür liefert. Es zeigt sich, dass jedes Land durch die Spezialisierung auf eine bestimmte Nische Skaleneffekte erzielen kann. Der Handelspartner tut das Gleiche in einer anderen Nische, sodass beide Länder davon profitieren. Aufgrund dieser Skaleneffekte gelingt es bestimmten Marken, einen globalen Markt zu beherrschen.

Skaleneffekte

Oft könnten zwei Länder sowohl Autos als auch Fahrräder produzieren. Aufgrund von Skaleneffekten profitieren sie jedoch stärker, wenn sie sich auf das eine spezialisieren und das andere importieren.

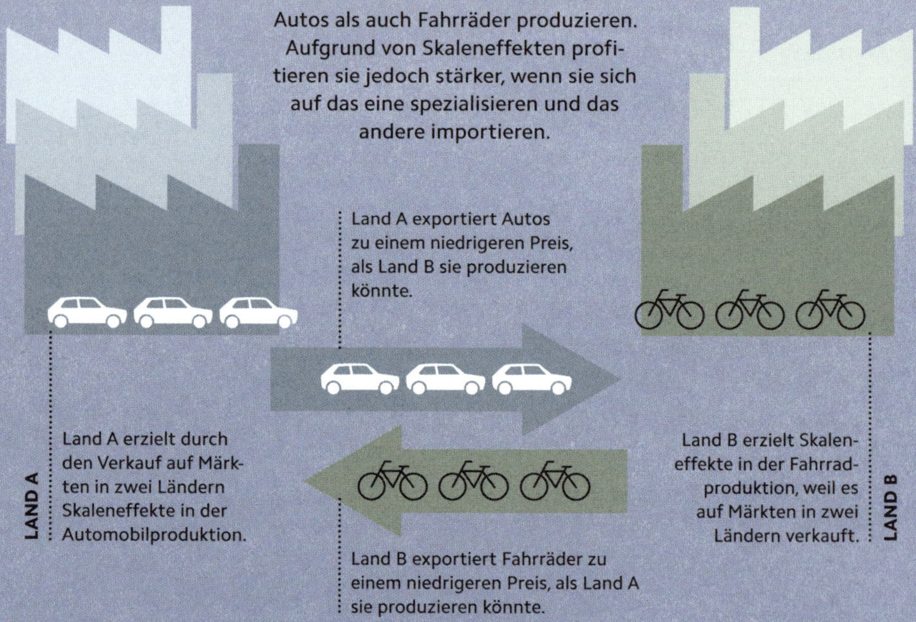

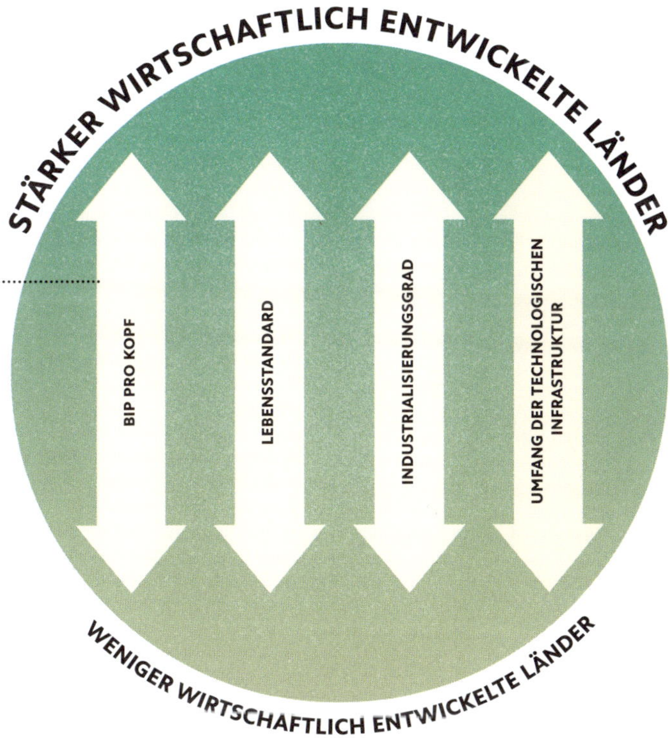

HOHES UND NIEDRIGES BIP

Die Schwelle, die die ärmeren Länder der Welt von den Industriestaaten trennt, wird von verschiedenen Ökonomen auf ein BIP pro Kopf zwischen 12 000 und 25 000 US-Dollar festgelegt.

LÄNDERVERGLEICH

Länder stehen auf unterschiedlichen wirtschaftlichen Entwicklungsstufen, die anhand von Kriterien wie dem BIP (siehe S. 38) pro Kopf/Person gemessen werden. Länder, die dabei schlechter abschneiden, werden als weniger wirtschaftlich entwickelte Länder (*Less Economically Developed Countries*, LEDC) bezeichnet, sie liegen meist auf der südlichen Erdhalbkugel. Länder mit einem höheren Wert sind dagegen stärker wirtschaftlich entwickelt (*More Economically Developed Countries*, MEDC). Ein Fortschritt in der wirtschaftlichen Entwicklung führt oft zu weiteren Fortschritten – z. B. führt Industrialisierung zum Anstieg des BIP, was wiederum den Lebensstandard verbessert.

»Der Zweck von [Entwicklung] … ist die Schaffung von Bedingungen, in denen Hilfe nicht mehr benötigt wird.«

Barack Obama

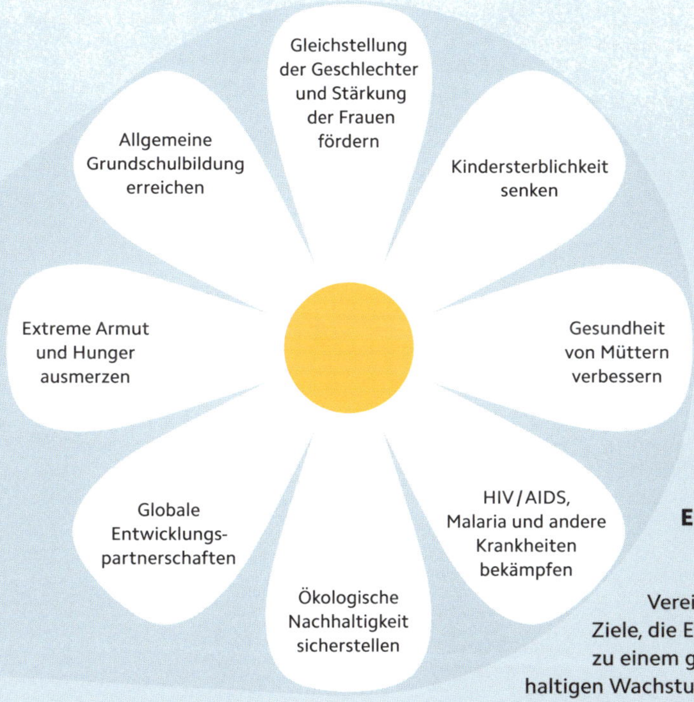

Millenniums-Entwicklungsziele Im Jahr 2000 veröffentlichten die Vereinten Nationen acht Ziele, die Entwicklungsländern zu einem gerechten und nachhaltigen Wachstum verhelfen sollten. Die Frist zu ihrer Erreichung war 2015.

SCHULDENERLASS

Entwicklungsländer haben Berichten zufolge Auslandsschulden von mehr als zehn Billionen US-Dollar. Durch die Rückzahlung dieser Schulden fehlt ärmeren Länder das Geld für Investitionen in kritische Infrastrukturen und Dienstleistungen sowie für die Unterstützung neuer Industrien. Folglich gerät das Wirtschaftswachstum ins Stocken, was wiederum das Risiko einer Zahlungsunfähigkeit erhöht. Um dies zu vermeiden, legen Gläubigerstaaten und -institutionen Schuldenerlassprogramme zur Verringerung der Raten oder zur Umschuldung auf. Manchmal werden die Schulden auch ganz oder teilweise erlassen. Den Schuldnerländern steht dann mehr Geld für lebenswichtige Entwicklungsprojekte zur Verfügung.

DER WERT VON WÄHRUNGEN

Unter einer Währung versteht man das Geld, das gegen Waren und Dienstleistungen getauscht wird. Währungen werden von nationalen oder supranationalen Zentralbanken herausgegeben. Der Wechselkurs zeigt den Wert einer Währung im Vergleich zu einer anderen: Wie viel Geld einer Währung braucht man, um eine bestimmte Menge einer anderen zu kaufen? Die meisten Länder haben freie Wechselkurse, sodass ihr Wert ständig gegenüber den Währungen anderer Länder schwankt. Einige Währungen werden jedoch reguliert oder sogar dauerhaft an eine andere gebunden. Freie Wechselkurse werden von verschiedenen Faktoren beeinflusst, darunter die politische Stabilität eines Landes, seine Handelsbilanz (die Bilanz der Exporte und Importe), die Inflation sowie die Zinssätze.

Aufwertung
Wenn eine Währung an Wert gewinnt, wird sie aufgewertet. Der Grund dafür ist oft ein Rückgang der Kosten für die Einfuhren des Landes oder auch ein Anstieg der Zinssätze, der Investitionen fördert.

Abwertung
Wenn eine Währung an Wert verliert, spricht man von Abwertung. Dies kann auf einen plötzlichen Preisverfall der wichtigsten Exporte des Landes oder einen Anstieg der Inflation zurückzuführen sein.

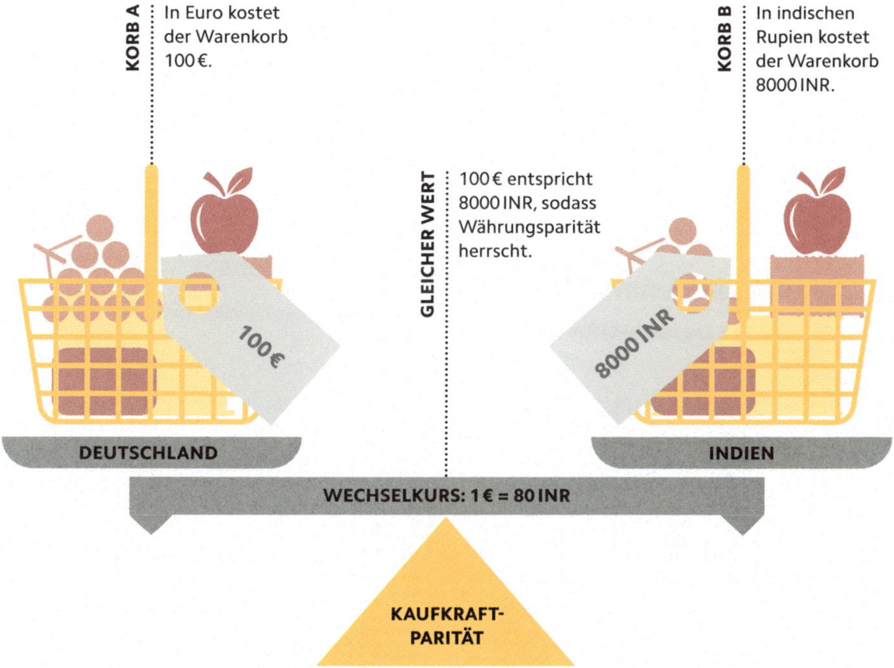

Volkswirtschaften mit unterschiedlichen Währungen sind oft schwer vergleichbar. Ein Ansatz ist die Kaufkraftparität (KKP). Während der Marktwechselkurs angibt, wie viel eine Währung in der anderen wert ist, gibt der KKP-Wechselkurs an, wie viel ein vergleichbarer Warenkorb in jeder Währung kostet. Sind diese Kosten in zwei Ländern gleich, wenn sie jeweils in die Währung des anderen umgerechnet werden, so herrscht »Parität«. Für ein aussagekräftiges Ergebnis ist eine breite Palette von Waren erforderlich, da die Preise aufgrund lokaler Unterschiede, z. B. Steuern, variieren können.

WÄHRUNGEN IM VERGLEICH

Neues Geld

Währungsunionen geben eigene Banknoten und Münzen aus. Sie haben oft eine Zentralbank, die ihre Geld- und Währungspolitik lenkt.

In einer Währungsunion einigen sich mindestens zwei Länder auf eine gemeinsame Währung oder die Fixierung der Wechselkurse für ihre Währungen. So vermeiden sie das Risiko starker Kursschwankungen und erhöhen die Wettbewerbsfähigkeit der Mitglieder auf dem Weltmarkt. Zudem eliminieren sie die Risiken und Kosten von Währungsschwankungen bei Geschäften innerhalb der Union. Allerdings können wirtschaftliche Turbulenzen die Mitgliedstaaten unterschiedlich beeinflussen, und da einzelne Staaten nicht mehr mit Wechselkursanpassungen reagieren können, leiden dann einige überproportional stark darunter. Die größte Währungsunion ist die Eurozone der EU mit 19 Mitgliedsstaaten.

EINHEITLICHES GELD

EINE WÄHRUNG FÜR ALLE

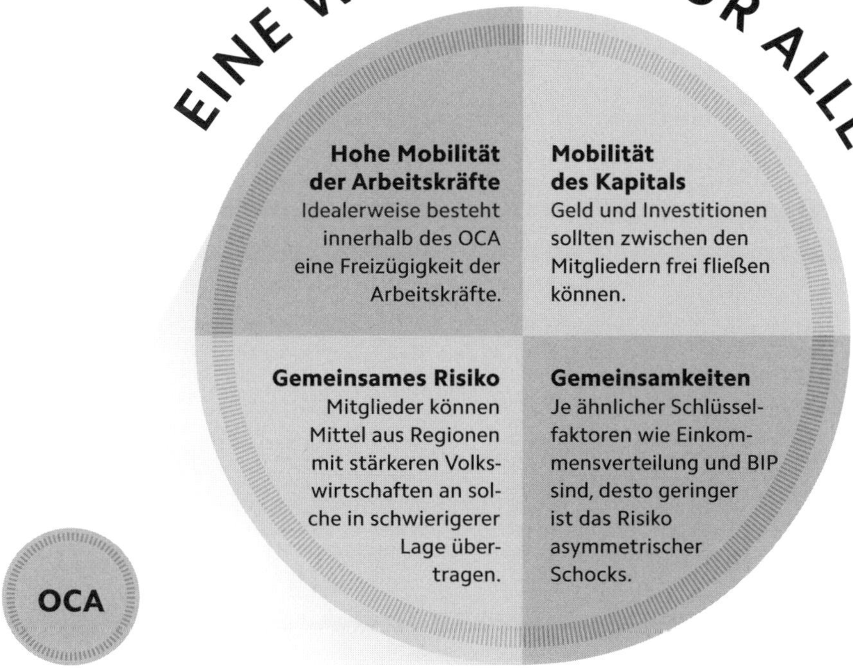

Ein optimaler Währungsraum (*Optimum Curreny Area*, OCA) umfasst mehrere Länder, deren Volkswirtschaften so eng aufeinander abgestimmt sind, dass eine gemeinsame Währung die wirtschaftliche Stabilität und das Wachstum maximiert. Nach der OCA-Theorie wird der größte Nutzen erzielt, wenn bestimmte Faktoren gegeben sind: Über flexible Arbeits- und Kapitalmärkte können die Länder wirtschaftliche Anpassungen vornehmen, um Wirtschaftskrisen zu bewältigen, anstatt die Wechselkurse zu manipulieren. Für Länder mit ungleichen Volkswirtschaften ist eine Währungsunion weniger vorteilhaft. Sie sind anfälliger für asymmetrische Schocks (plötzliche wirtschaftliche Veränderungen, die nur einige betreffen) und sind in wichtigen handels- und finanzpolitischen Fragen öfter unterschiedlicher Meinung.

DIE FINANZ

WELT

Geld ist für das Funktionieren der modernen Wirtschaft von entscheidender Bedeutung und in der Finanzwelt wird das Geld in seinen verschiedenen Formen verwaltet. In einer entwickelten Wirtschaft sind der öffentliche Sektor, Unternehmen und Einzelpersonen auf ein zuverlässiges Finanzsystem angewiesen. Für Unternehmen, die investieren müssen, bevor sie Einnahmen erzielen können, stellt das Finanzsystem das benötigte Geld bereit. Privatpersonen können Kredite aufnehmen, um Anschaffungen zu finanzieren. Überschüssiges Geld können sie dagegen gewinnbringend anlegen. Geldanlage, Investitionen und Kreditvergabe sind nur möglich, weil es sehr viele verschiedene Finanzdienstleistungen und Finanzierungsmöglichkeiten gibt – von Krediten bis hin zu komplexen Finanzinstrumenten.

BARGELD FLIESST AM SCHNELLSTEN

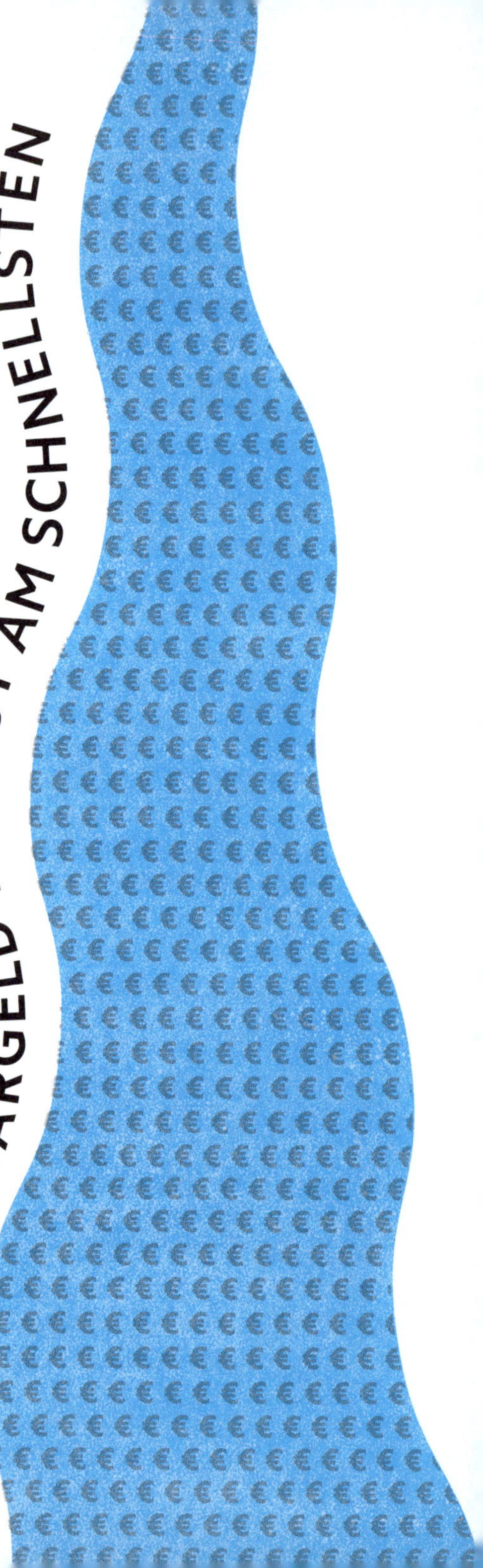

Liquidität misst, wie leicht ein Vermögenswert in Bargeld – den »liquidesten« Vermögenswert – umgewandelt werden kann. Anleihen (siehe S. 144–145) und Aktien (siehe S. 146) sind ebenfalls liquide, da sie sich schnell gegen Bargeld tauschen lassen: Ihr Wert ist leicht zu bestimmen und es existiert ein florierender Markt dafür. Materielle Werte wie Eigentum oder Kunst sind eher »illiquid« (weniger liquide), da es in der Regel länger dauert, einen Käufer zu finden und einen Preis zu vereinbaren. Unternehmen messen ihre Liquidität, um sicherzustellen, dass sie genügend Bargeld zur Deckung ihrer Ausgaben oder unerwarteter Kosten haben.

> **»Liquidität ist wie Sauerstoff für das Finanzsystem.«**
>
> Ruth Porat

ALTES UND NEUES GELD

Fiatgeld ist eine von einer Regierung ausgegebene Währung, wie das Pfund, der Euro oder der Dollar. Es hat keinen inneren Wert – es basiert nicht auf einer zugrunde liegenden Ware, sondern auf Vertrauen – und sein Angebot wird von Zentralbanken reguliert (siehe S. 58–59). Fiatgeld gibt es in Form von Banknoten oder digital auf Bankkonten und Transaktionen sind an Identitäten gebunden. Kryptowährungen existieren rein digital. Sie sind unreguliert und erlauben anonyme Transaktionen. Ihr Wert kommt aus der Blockchain, einer dezentralen Datenbank, die alle Transaktionen verarbeitet und überprüft und Sicherheit und Transparenz bietet. Die meisten Kryptowährungen haben ein begrenztes Angebot, was ihren Wert stabilisiert.

HANDELSPLÄTZE

Finanzmärkte sind physische und virtuelle Schauplätze auf der ganzen Welt, an denen finanzielle Vermögenswerte wie Anleihen, Aktien, Währungen oder Rohstoffe gekauft und verkauft werden. Sie verbinden Kreditgeber mit überschüssigem Geld mit Kreditnehmern, die es benötigen, und zwar gegen eine Vergütung, die die damit verbundenen Risiken widerspiegelt. Einige Märkte bieten hochliquide Vermögenswerte (siehe S. 138). Geldmarktanlagen (beliebt bei Banken und Regierungen) haben in der Regel kurze Laufzeiten von bis zu einem Jahr. Andere, z. B. Anleihemärkte, eignen sich für langfristige Investitionen oder Ersparnisse. Unternehmen nutzen Märkte zur Kapitalbeschaffung und verkaufen dort Aktien an Investoren. Außerdem können sie Derivate kaufen, die auf dem Wert der in der Produktion verwendeten Materialien basieren und so ihr Risiko streuen. Geld zirkuliert auch über Vermittler wie Banken, die Kreditpools bilden und Investoren Zinsen berechnen. Nicht alle Geschäfte sind reguliert – Devisen- und Derivatehandel findet häufig außerbörslich oder direkt zwischen den Parteien statt. Insgesamt lassen die Finanzmärkte das Geld dorthin fließen, wo es am dringendsten benötigt wird, und tragen so zum Funktionieren der Weltwirtschaft bei.

WICHTIGE FINANZMÄRKTE

Geldmärkte
Hier werden risikoarme, kurzfristige Schuldtitel gehandelt, die fast wie Bargeld sind.

Rentenmärkte
Sie handeln längerfristige, festverzinsliche Schuldverschreibungen (siehe S. 144–145).

Aktienmärkte
Diese dienen dem Handel mit Aktien – Wertpapiere, die Eigentumsanteile an einem Unternehmen übertragen (siehe S. 146).

Devisenmärkte
Die Devisenmärkte bilden ein globales Netzwerk zum Handel mit Fremdwährungen.

Rohstoffmärkte
Rohstoffe wie Gold, Erdöl oder Weizen werden hier als Sachgüter gehandelt.

Derivatmärkte
Hier können Anleger sich gegen zukünftige Preisschwankungen von Vermögenswerten absichern oder davon profitieren (siehe S. 147).

KREDITNEHMER

REGIERUNGEN

UNTERNEHMEN

PRIVATPERSONEN

VERMITTLER

BANKEN

PENSIONSFONDS

INVESTMENTFONDS

MAKLER

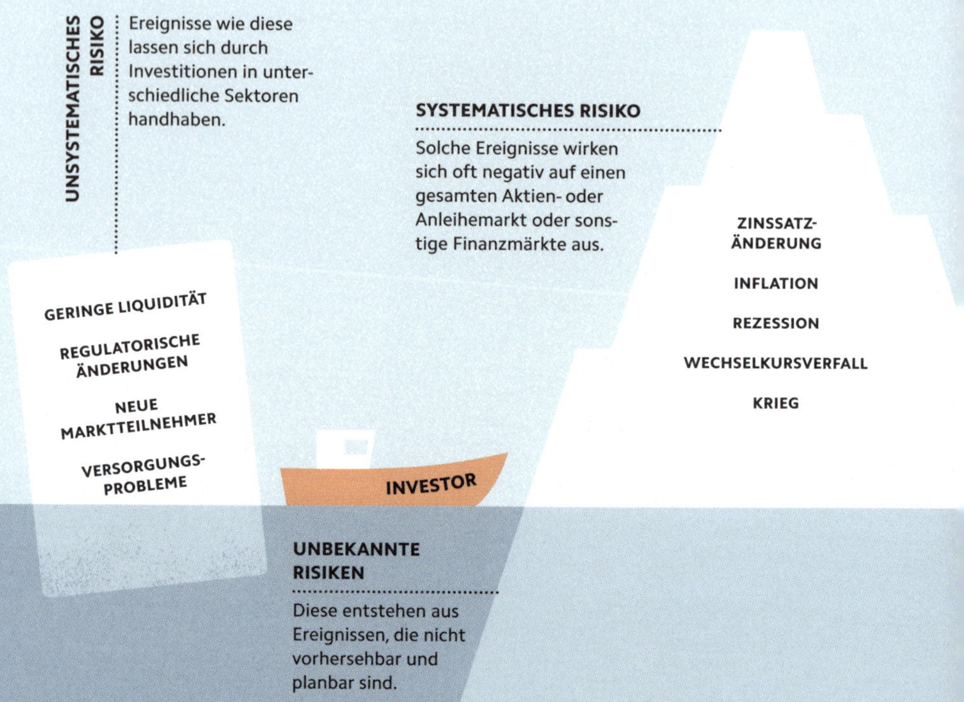

RISKANTE GESCHÄFTE

Als finanzielles Risiko gilt die Möglichkeit, dass Ereignisse eintreten, durch die finanzielle Vermögenswerte wie Aktien an Wert verlieren. Es lässt sich grob in zwei Kategorien einteilen. Das unsystematische Risiko betrifft Aktien einer bestimmten Branche oder eines bestimmten Unternehmens. Anleger können sich davor schützen, indem sie Aktien verschiedener Branchen halten. Das systematische Risiko betrifft dagegen einen ganzen Finanzmarkt oder eine Volkswirtschaft, sodass diese Art der Diversifizierung das Risiko der Anleger nicht mindert. Die Auswirkungen des systematischen Risikos lassen sich jedoch durch Investitionen in verschiedene Anlageformen (Aktien, Anleihen, Gold usw.) abmildern, da diese tendenziell unterschiedlich reagieren.

BÖRSENZYKLEN

Wenn die Wirtschaft stark wächst und die Arbeitslosigkeit niedrig ist, sind die Menschen zuversichtlich, dass Unternehmen höhere Gewinne erzielen. Sie investieren daher stärker in Aktien, sodass die Nachfrage die Kurse nach oben treibt. Die Aktienmärkte werden anhand eines Index wie dem FTSE-100 oder dem DAX gemessen. Steigt dieser um 20 Prozent, spricht man von einem Bullenmarkt (Hausse) – einer Phase, in der die Aktienkurse in dem Markt allgemein nach oben gehen. Irgendwann hören die Preise auf zu steigen, oft weil sich die Wirtschaft abschwächt und die Anleger anfangen zu verkaufen, um ihre Gewinne zu sichern oder Verluste zu begrenzen. Je mehr Leute verkaufen, desto schneller fällt der Markt. Fällt er um 20 Prozent, spricht man von einem Bärenmarkt (Baisse) – einer Phase, in der die Kurse im Allgemeinen sinken.

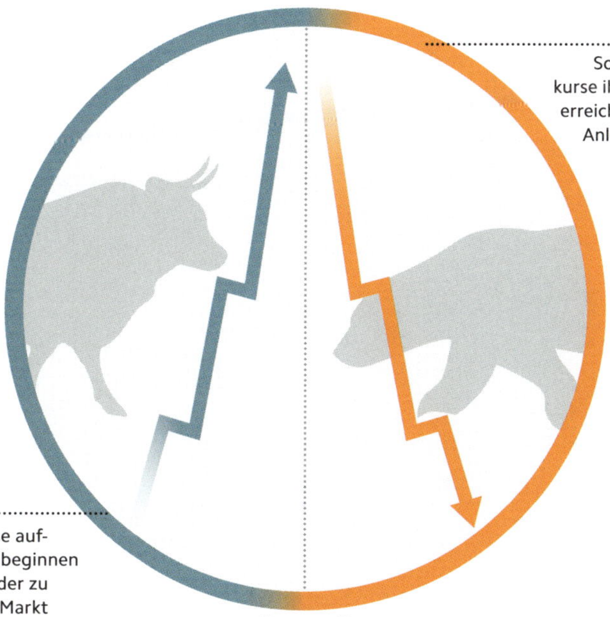

ANLEIHEN = SCHULDSCHEINE

Regierungen und Unternehmen verkaufen Anleihen mit befristeter Laufzeit, wenn sie sich Geld leihen müssen (siehe S. 151). Anleihen werden von Anlegern gekauft, die während der Laufzeit Zinszahlungen erhalten. Wird eine Anleihe fällig, zahlt der Verkäufer dem Anleger den Nennwert (den Betrag, den er für die Anleihe bezahlt hat) zurück. Anleihen können auch vor dem Fälligkeitsdatum an andere Anleger weiterverkauft werden. Sie werfen zwar langfristig eine eher geringere Rendite ab als Aktien (siehe S. 146), gelten aber dafür als weniger risikoreich, da die Rückzahlung garantiert ist. Außerdem sind sie stabiler, da sie von großen Organisationen abgesichert werden und nicht von Marktschwankungen abhängig sind.

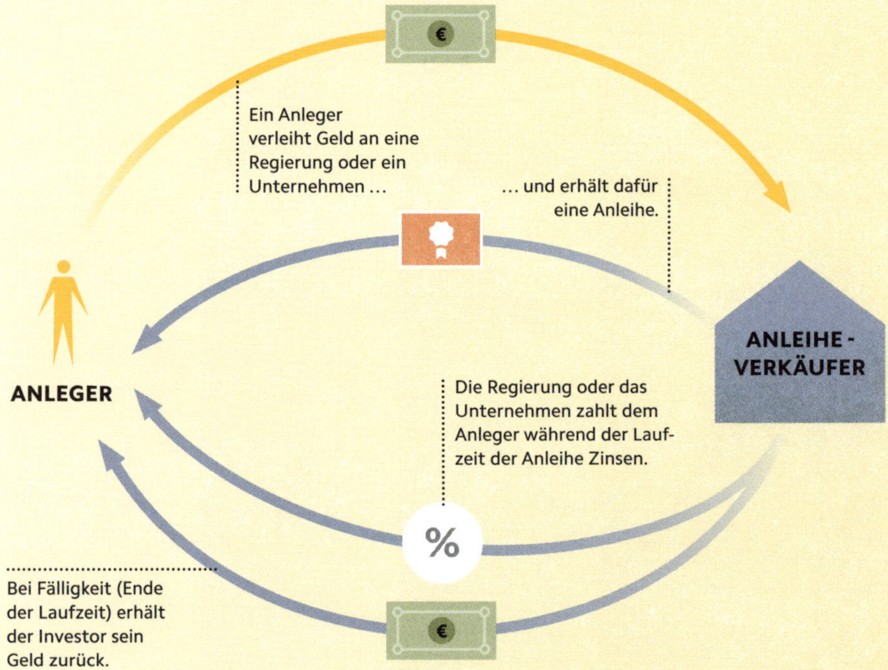

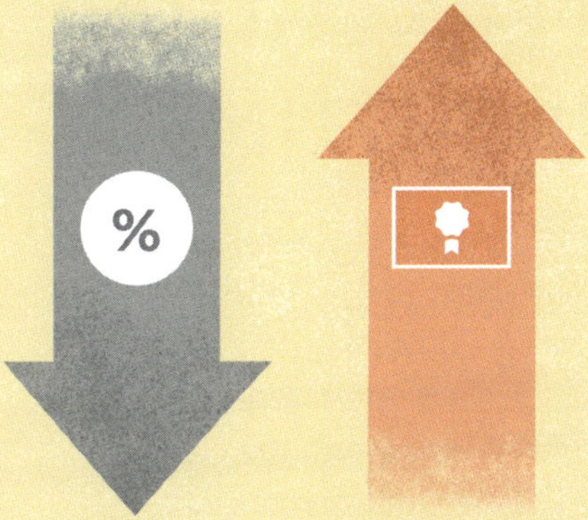

Höhen und Tiefen
Die meisten Anleihen haben einen festen Zinssatz, was sie für Anleger attraktiv macht, wenn die Marktzinsen fallen. Infolgedessen steigen die Anleihekurse in der Regel, wenn die Marktzinsen sinken (und umgekehrt).

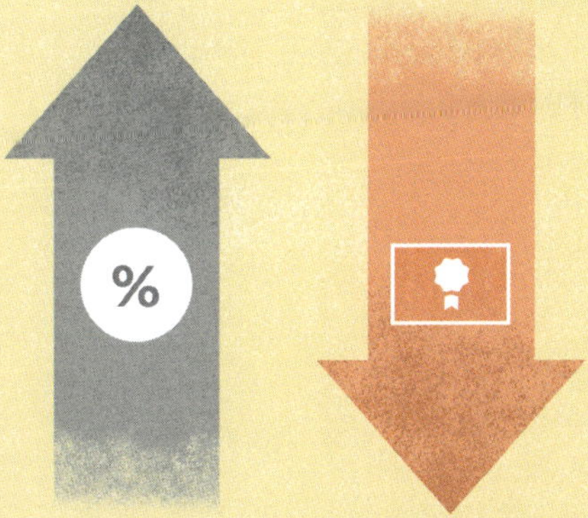

»Anleihen sind gut für jedes Portfolio. Sie bieten ein Polster, wenn der Aktienmarkt schwächelt.«
Suze Orman

EIN UNTERNEHMEN, VIELE EIGENTÜMER

Aktien sind kleine, gleich große Anteile am Eigenkapital eines Unternehmens (dem Gesamtwert seiner Vermögenswerte), die gehandelt werden können. Der Wert der Aktien schwankt mit dem Wert des Unternehmens und wenn die Nachfrage nach ihnen steigt, gehen auch die Aktienkurse nach oben. Unternehmen verkaufen Aktien, um sich Kapital zu beschaffen, und die Anleger, die sie kaufen, werden zu Aktionären. Das bedeutet, sie besitzen einen prozentualen Anteil am Unternehmen, der sich nach der Anzahl ihrer Aktien richtet. Dies gibt ihnen das Recht, an Unternehmensentscheidungen beteiligt zu werden, und oft erhalten sie auch Dividenden, also Ausschüttungen aus den Unternehmensgewinnen.

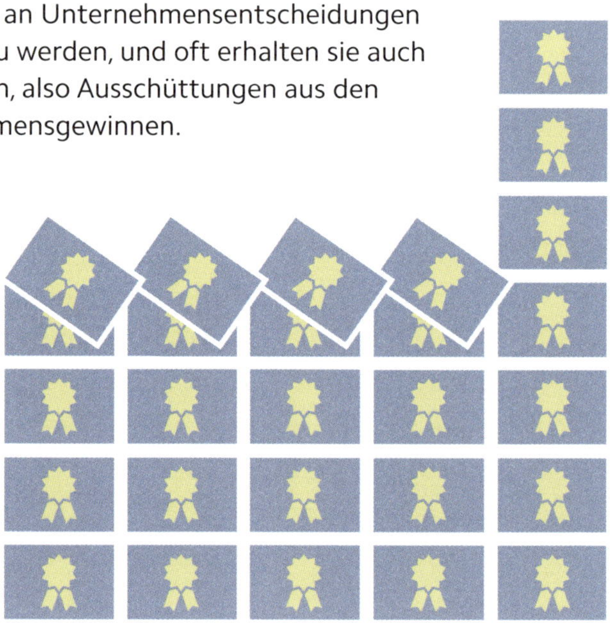

Verpflichtung
Bei einem Termingeschäft (Future-Kontrakt) verpflichten sich die Parteien zum Kauf oder Verkauf eines Vermögenswerts zu einem festen Preis an einem bestimmten Datum. So können sie jetzt den Preis für einen zukünftigen Kauf festlegen.

KAUFRECHTE SICHERN

Option
Bei Optionsgeschäften zahlt der Käufer eine kleine Gebühr (Optionspreis) für das Recht, einen Vermögenswert zu einem bestimmten Preis an einem festgelegten Datum zu kaufen. Anders als bei Futures ist er dann aber nicht zum Kauf verpflichtet.

Ein Derivat ist ein Vertrag, der sich auf den Wert eines zugrunde liegenden Basiswerts (z.B. Handelswaren oder Währung) bezieht. Der Vertrag verleiht das Recht, den Basiswert an einem bestimmten Tag zu einem vereinbarten Preis zu kaufen. Wenn der Wert des Basiswerts schwankt, schwankt auch der Wert des Derivats. »Futures« oder Termingeschäfte dienen häufig der Risikoabsicherung, während man mit Optionen meist von der Wertänderung eines Vermögenswerts profitieren will, indem man deren Entwicklung vorhersagt und dann entsprechend damit handelt.

DER PREIS STIMMT

Die Markteffizienzhypothese (*Efficient Market Hypothesis*, EMH) lautet, dass öffentliche und offene Märkte Informationen so effizient nutzen, dass die Marktpreise den wahren Wert der Aktien eines Unternehmens angemessen abbilden. Das heißt, es ist für Anleger unmöglich, dauerhaft erfolgreich unter- oder überbewertete Aktien zu identifizieren, weder indem sie die früheren Kurse analysieren (schwache Version der EMH) noch indem sie Geschäftsdaten wie Bilanzen studieren (mittelstrenge Version). Es gelingt nicht einmal mit Insiderinformationen (strenge Version). Deshalb kann ein Anleger zwar Glück haben, aber langfristig kann er nicht besser abschneiden als der Marktdurchschnitt.

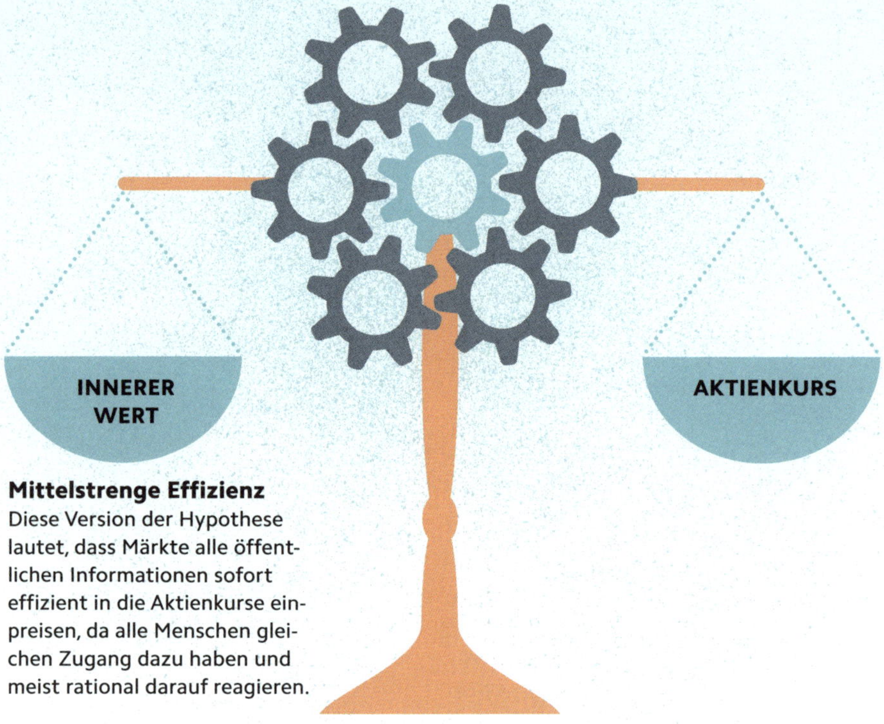

Mittelstrenge Effizienz
Diese Version der Hypothese lautet, dass Märkte alle öffentlichen Informationen sofort effizient in die Aktienkurse einpreisen, da alle Menschen gleichen Zugang dazu haben und meist rational darauf reagieren.

»In einem effizienten Markt … liefert der aktuelle Kurs eines Wertpapiers eine gute Annäherung an seinen intrinsischen Wert.«

Eugene F. Fama

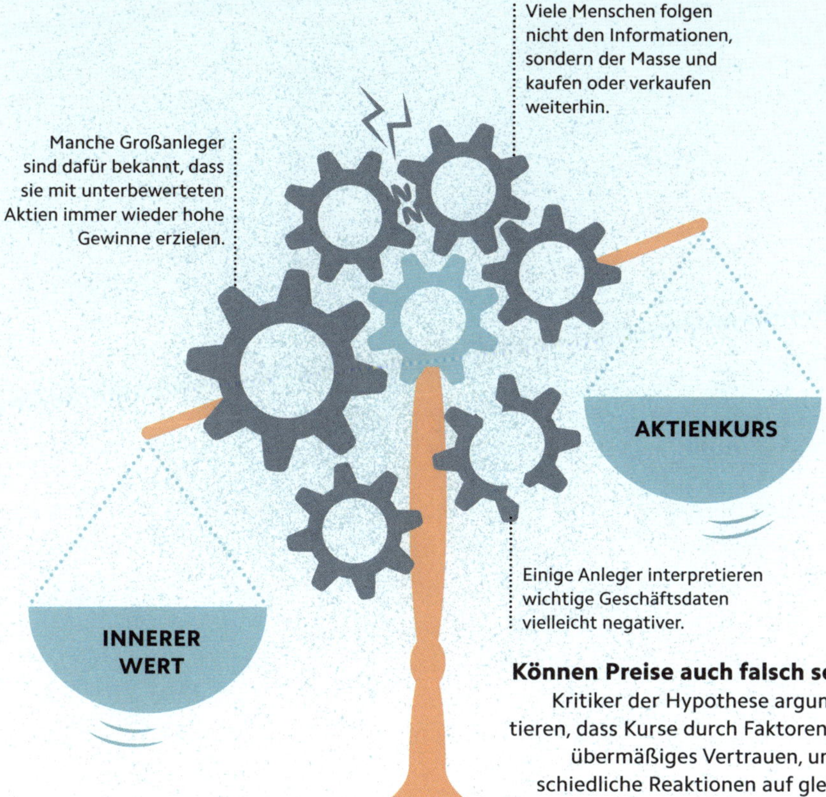

Können Preise auch falsch sein?
Kritiker der Hypothese argumentieren, dass Kurse durch Faktoren wie übermäßiges Vertrauen, unterschiedliche Reaktionen auf gleiche Daten und die Herdenmentalität verzerrt werden können.

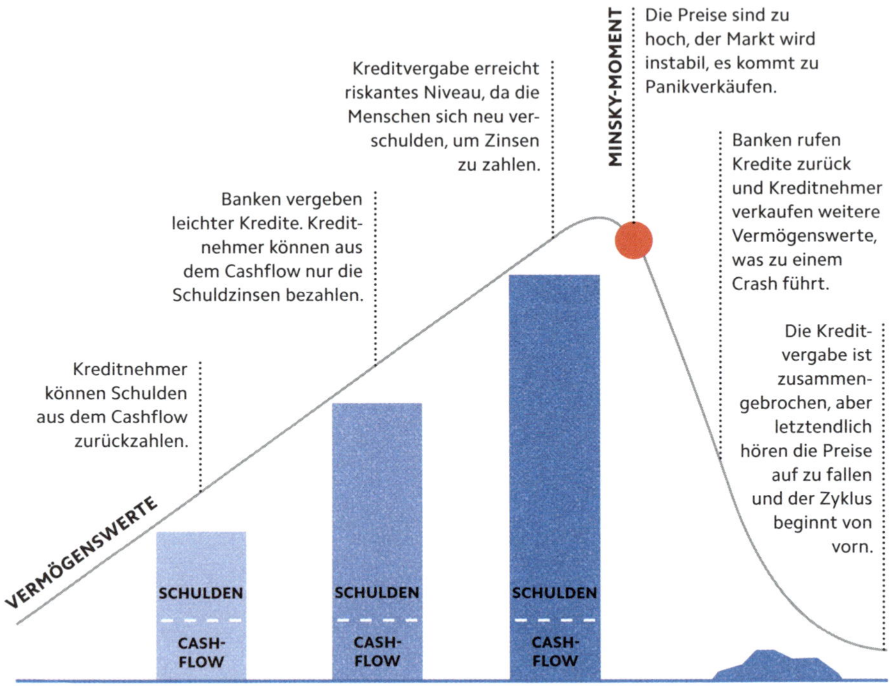

GUTE ZEITEN BEGRÜNDEN SCHLECHTE ZEITEN

Zwischen etwa 1960 und 1980 stellte Hyman Minsky fest, dass Finanzmärkte wie Aktienmärkte inhärent instabil sind: Steigen sie zu lange, führt dies zu einer Krise. Solange die Preise von Vermögenswerten steigen, vertrauen die Menschen darauf, dass sie ihre Schulden zurückzahlen können. Also nehmen sie höhere Kredite auf, um Dinge zu kaufen, und die Preise steigen weiter. Schließlich werden sowohl die Preise als auch das Schuldenniveau untragbar. An diesem Punkt – für den 1998 der Name »Minsky-Moment« geprägt wurde – brechen die Preise plötzlich ein, da die Menschen in der Hoffnung, ihre Gewinne zu schützen und ihre Schulden zurückzuzahlen, panikartig verkaufen.

KAPITALBESCHAFFUNG

Für Unternehmen gibt es zwei Arten der Kapitalbeschaffung: über Fremd- oder Eigenkapital. Bei der Fremdfinanzierung verkauft ein Unternehmen Schuldtitel, z.B. Anleihen (siehe S. 144–145), an Investoren. Die Anleger werden zu Gläubigern des Unternehmens. Die Rückzahlung des überlassenen Kapitalbetrags sowie regelmäßige Zinszahlungen werden garantiert. Bei der Eigenkapitalfinanzierung wird eine Beteiligung am Unternehmen verkauft, z.B. Aktien (siehe S. 146). Die Aktionäre sind am Wachstum des Unternehmens beteiligt und haben möglicherweise Stimmrechte bei Unternehmensentscheidungen, aber eine garantierte Rückzahlung gibt es in diesem Fall nicht.

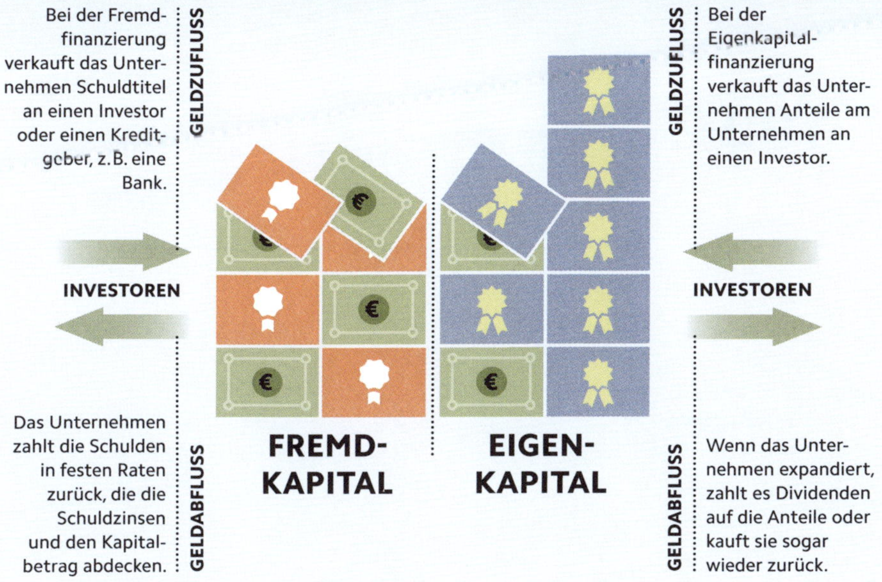

ZEIT ENTWERTET GELD

Wenn ein Geldbetrag in Zukunft gezahlt wird, ist er weniger wert, als wenn er heute ausgezahlt würde, weil er sofort Zinsen einbringt. Um den Anfangswert eines zukünftigen Betrags zu ermitteln, »diskontiert« man ihn anhand des Zinssatzes, den er hätte erzielen können. Beispiel: Beträgt der Zinssatz zehn Prozent, sind 100 €, die in einem Jahr gezahlt werden, heute etwa 91 € wert (100 € geteilt durch 110 €). Der Kapitalwert (*Net Present Value*, NPV) ist die Differenz zwischen künftigen Erträgen und künftigen Kosten, abgezinst auf den heutigen Wert. Damit bewerten Unternehmen u.a. Investitionsmöglichkeiten: Ein positiver Kapitalwert deutet auf Rentabilität hin.

Zeitwert
Wenn der Zinssatz 10 % beträgt, sind 100 €, die in vier Jahren gezahlt werden, heute nur rund 68 € wert.

INVESTIEREN FÜR WACHSTUM

Risikokapital ist Geld und Know-how, das Start-ups hilft, sich zu entwickeln und schnell zu wachsen. Es wird von spezialisierten Firmen, Fondsmanagern und wohlhabenden Einzelpersonen mit einschlägiger Erfahrung bereitgestellt. Im Gegenzug übernehmen die Investoren einen Anteil am Eigenkapital des Unternehmens und damit häufig eine Entscheidungsfunktion. Risikokapitalgeber wählen sorgfältig Unternehmen in Sektoren mit Potenzial für schnelles oder außergewöhnliches Wachstum aus. Sie wollen nach einigen Jahren wieder aussteigen, ihren Eigenkapitalanteil verkaufen und damit möglichst hohe Gewinne erzielen. Bis dahin stellen sie Risikokapital oft in mehreren Phasen zur Unterstützung bestimmter Ziele zur Verfügung.

Klein anfangen
Frühes Risikokapital konzentriert sich oft auf die Optimierung des Produkts oder Teams.

Schnell wachsen
In einer späteren Phase wird Risikokapital dagegen häufig zur Erschließung eines wichtigen neuen Markts oder zur Ausweitung der Produktion benötigt.

DER BÖRSENGANG

Bei einem Börsengang (*Initial Public Offering*, IPO) gibt ein privates Unternehmen Aktien an die Öffentlichkeit aus, um Geld für eine Expansion zu beschaffen. Ein wichtiger Teil dieses Prozesses ist die Bewertung des Unternehmens, um den anfänglichen Aktienkurs festzulegen. Beim Börsengang wird ein Teil des Aktienbestands am Primärmarkt verkauft – in der Regel an Investmentgesellschaften wie Pensionsfonds. Später können diese Aktien frei an der Börse (Sekundärmarkt) gehandelt werden. Erstinvestoren (die an der Unternehmensgründung und am anfänglichen Wachstum beteiligt waren) nutzen den Börsengang häufig als Ausstiegsoption, indem sie ihre Anteile verkaufen, um die von ihnen angestrebte Rendite zu erzielen. Einige entscheiden sich jedoch, ihre Anteile zu halten, während das Unternehmen weiter wächst.

Schritt 5:
Anhand der Zahlen entscheidet das Unternehmen, ob die Lösung / das Produkt implementiert werden soll.

Schritt 4:
Diese quantitativen Analysen werden zusammengefasst und daraus wird die Strukturierung der spezifischen Finanzlösung oder des Produkts entwickelt.

Schritt 3:
Die Kosten der Risiken/Ergebnisse werden anhand von statistischen und mathematischen Modellen berechnet und analysiert.

Schritt 2:
Analysten untersuchen den Geschäftsbedarf und erwägen eine Lösung, einschließlich der potenziellen Risiken/ Ergebnisse.

Schritt 1:
Die Erstanalyse identifiziert den Geschäftsbedarf – ein Ziel oder ein Problem.

SPEZIELLE FINANZLÖSUNGEN

Beim Financial Engineering werden mithilfe von höherer Mathematik, Computerprogrammierung, Statistik und Ökonomie Strukturen für Finanzlösungen oder Finanzprodukte entwickelt, häufig unter Verwendung von Instrumenten wie Derivaten (siehe S. 147). Damit können Unternehmen bestimmte Risiken managen, die Effizienz steigern und die bestmöglichen strategischen Entscheidungen treffen. Finanzingenieure entwerfen Modelle und testen und bewerten dann ihre möglichen finanziellen Vor- und Nachteile. Aus diesem Grund wird Financial Engineering manchmal auch als quantitative Analyse bezeichnet.

REGISTER

Die **fett** gedruckten Seitenzahlen verweisen auf Haupteinträge.

A

B

CD

E

L

M

N

O

PQ

R

S

TUV

W

Z

DANK

Der DK Verlag dankt Bonnie Macleod für Lektoratsassistenz, Helen Peters für das Register sowie Suhita Dharamjit, Harish Aggarwal und Priyanka Sharma für Hilfe bei der Umschlaggestaltung.

ZITATNACHWEIS

Der Verlag hat sich bemüht, alle Rechteinhaber ausfindig zu machen. Eventuelle Auslassungen werden wir bei entsprechendem Hinweis gern zu einer späteren Auflage korrigieren. Wenn nicht anders angegeben, wurden die Zitate frei übersetzt.

10 Alfred Marshall, zit. nach www.manager-magazin.de/harvard/humankapital-a-8ecfb3e4-0002-0001-0000-000052601707. **16** Tim Harford: The Undercover Economist (2012), Oxford University Press. 22 Lavoie, Marc, „Endogenous Money in a Coherent Stock-Flow Framework" (March 2001). Jerome Levy Economics Institute Working Paper No. 325. **42** „Supply-side guru Arthur Laffer hails Trump's tax policy" (7.12.2016), The Financial Times. www.ft.com/content/8cb63288-bc85-11e6-8b45-b8b81dd5d080. **47** www.sueddeutsche.de/wirtschaft/diskussion-um-keynes-liebesleben-eines-oekonomen-1.1666930. **53** „The Trudeau government isn't using all the tools to protect Canadians from inflation, economist says" (May 21, 2022), CBC News. www.cbc.ca/radio/thehouse/inflation-trudeau-freeland-1.6461208. **61** www.manager-magazin.de/unternehmen/artikel/a-607563.html. **67** Bernie Sanders on Twitter (13. April 2021). twitter.com/SenSanders/status/1382061027936862208?s=20&t=Rh4pbOf7_0mSyKCHM7i7VQ. **98** Keynote speech given by Senator Al Franken at the annual awards dinner of the American Bar Association's spring forum, 2012. assets.sbnation.com/assets/1033745/franken_aba_antitrust_speech.pdf. **130** www.handelsblatt.com/politik/international/entwicklungshilfe-empfaengerlaender-muessen-mehr-tun/3545194.html. **138** „Google's Ruth Porat shares 4 insights for dealing with a financial crisis", Business Insider, James Kosur, 28.9.2015. www.businessinsider.com/google-ruth-porat-dealing-with-financial-crisis-2015-9?r=US&IR=T. **145** „Could You Be Making These Finance Mistakes?" by Suze Orman, June 2010 issue of O, The Oprah Magazine. www.oprah.com/money/suze-ormans-advice-on-risk-fico-scores-inflation-and-your-ira/all. **149** Fama, E. F. (1965), „Random Walks in Stock Market Prices", Financial Analysts Journal, 21(5), 55–59. www.jstor.org/stable/4469865

Noch mehr Wirtschaft

ISBN 978-3-8310-4659-1

ISBN 978-3-8310-3713-1

ISBN 978-3-8310-3990-6

ISBN 978-3-8310-2386-8

www.dk-verlag.de